AF219541

Eduard Wagner 2017

Hitzaurrea

Nahi duzun moduan ikus dezakezu: Memoria hauek al dira edo nire bizitzako gertakarien sekuentzia bat besterik ez da. Esan nahi nuke hori bizi izan nuen garaian hori zuzena zela uste nuela. Senideen edo lagunen aldetik ez nuen ia aholkurik izan hori egitea egokia zen ala ez esateko. Baina beti izan zen kontua hau kontuan hartuko nuen ala ez.

Noski, hurrengo orrialdeetan zehar beti daude legaltasunaren atarian nagoen tokiak. Baina hauek duela denbora pixka bat izan zirenez eta pertsonalki orduan egin nuena edo egin ez nuena onartzen dudanez, ez dut arazorik ikusten ondorio hauek sortzen badira. Hau bizitza betea edo zoriontsua den ez dago nire esku, irakurlearena baizik, baina azkenean ondorio bat aterako dut.

Familia 1970

1959ko abendua gurasoen etxea

1959. urtearen amaieran Vienan ikusi nuen argia, han nengoen arren nekez gogoratzen naizen. Bigarren jaio zen, nire anaiak jada 6 urte zituen Danubio Suabiako familia batean. Nire jatorria azaltzeko: Bigarren Mundu Gerraren amaieran, nire gurasoak gaur Serbia denetik kanporatu zituzten partisanoek arma-puntan eta haien bizitza mehatxatu zuten. Aleman etnikoen taldekoak zirenez (Danubioko suabiarrak), haien ama hizkuntza alemana zen, hau da, serbokroazieraz ere hitz egin zezaketen. Haien arbasoak orduko Jugoslavia zen Prinz Eugenek finkatu zituen gaur egun, hango azpiegiturak sendotzeko, eta hori lortu zuten. Bigarren Mundu Gerraren istiluetan, orduan, iparraldeko zein hegoaldeko partisanoek kanporatu zituzten euren bizitzaren mehatxuarekin. Ordurako oparotasuna eta ospea lortu zuten, non han bizi ziren jugoslaviarren eta aleman hiztun biztanleriaren artean inolako etsairik ez zegoen. Nire gurasoei eta haien familiei harrera egin zitzaien 1944an: Zertan ari zara han? Zergatik hitz egiten duzu hain ondo alemaniera? Zaude etxerako bidea. Orduan "atzerritarren" harrera besterik ez zen. Ezin da jada imajinatu gaur egun. Ondo itzuli niri. Haurtzaro erraza izan nuen, 10 urte nituen arte behintzat. Nire aitak bere lanbidea egin zuen, jada Serbian ikasia zuena, eta nire ama, ordurako ohitura zen bezala, etxekoandrea zen. Nire gurasoek ahalbidetzen zuten neurrian, denetarik lortu nuen jostailuetatik hasi eta bizikletak eta antzekoak. Udan Austria Behereko hegoaldeko ostatu batera joaten nintzen urtero anaiarekin eta amarekin bizpahiru astez. Nire aita, diru kontuengatik astean lan egin behar zuenez, ostiralean etorri zen gurera ziklomotorean eta igandera arte egon zen. Kontuan izan behar da nire aitak 1972an bakarrik atera zuela gidabaimena. Garai hartan pentsiotik gertu bizi zen familia bat ere ezagutu nuen. Bi alaba zeuden honetan, bata bost urte gazteagoa eta bestea urtebete handiagoa. Esan nahi du zaharragoak dagoeneko ezagutu nauela pixoihalekin.

1966ko iraila eskola

Nire eskola-ibilbidearen hasiera. Lehen hezkuntzan mutilen klasean egon nintzen. Orduko Pädag-eko lizentziatua irakasle gisa aurkeztu zen. 25 bat urte zituen eta emakume ederra zen adin hartan nik esan nuenez. Oraindik gogoan dut garai hartan dezente harritu ninduen pasadizo bat. Nire eskola-egunaren hasieran nire amari etorri eta honako hau esan nion: Zuk, ama, irakasleak hatzak gorriz margotu zizkion. Nola egin dezakezu horrelako zerbait? Atzealdean, Ulrike irakasleak bere azazkalak bakarrik margotu zituela zen, niretzat oraindik ohikoa ez zena garai hartan. Nire amak orduan albo batera bueltatu eta ziurrenik irribarre egin behar izan zuela uste dut, gero hori zertan zen azaldu zidan. Tira, lehen hezkuntzako ikasketak oso nota onekin atera nintzen, pinturaz eta marrazkiaz gain. Baina errespetua ere izan nion "emakumezko irakasleari", arau-hausteak "kanpoan zutik" jarriz zigortzen baitzituen. Eskolarako bidea, orduan dena oraindik oinez, beti zen erronka, beti baitzegoen eskola-lankide bat, bi edo hiru, espaloian malabareak egiteko.

1970eko iraila batxilergoa

Adin honetan ametsetako "mediku" lanarekin amets egiten jarraitu nuen eta nire lehen hezkuntzako ziurtagiria horren araberakoa izan zen, nire gurasoek institutuko aldameneko auzoan erregistratu ninduten. 1969an nire aitak bere merkataritza lizentzia itzuli zuen soda-botilak konpontzeko, jada ez zelako errentagarria eta gero lan berri batera jo zuen, hots, eguneroko egunkariak saltzera. Horrek esan nahi du gure herrialdeko egunkaririk handiena saldu zuela arratsaldean kolaboratzaile gisa, 23:00ak aldera arte stand batean. Hau erdi errentagarria zenez, ama ere egunkariak saltzen hasi zen. Honekin diru asko aurreztu ahal izango zuten urteetan zehar, biok, hau da, nire anaia eta biok, ongizatea ez zen alde batera utzi. Bada, orain batxilergo humanistikoko lehen mailan nengoen. Astelehenetan beti zeuden matematika eta ingelesa bata bestearen atzetik. Ba hori erdibidean joan zen pixka bat, baina pixka bat igaro ondoren gaixotu nintzen eta nire gurasoek gaixorik nengoen baieztapena idatzi zidaten. Baina irakasleek paper hori kendu ez zidatenez, gorde egin nuen. Orain ingelesa eta matematikako astelehena gero eta nazkagarriagoa egin zitzaidan, beraz, astelehen batean edo bestean "urdinez" joatea eta eskolara ez joatea bururatu zitzaidan. Orduan, nire gurasoen sinadurarekin gaixorik nengoela egiaztatzea eman nuen. Gehienetan gaixotasun berdinak zirenez eta sinadura jadanik onena ez zenez, behar bezala gertatu zen. Bat-batean nire gurasoek eskolara etortzeko deia jaso zuten. Jakina, falta zitzaizkidan egunei eta ondoriozko notei buruz galdetu zitzaien, eta horregatik harritu edo etsita geratu ziren nirekin. Horren ondorioa izan zen eskolak "kataklismo" batera kondenatu ninduela (4 orduko zigorra eskolan bakarrik idaztea). Nik dakidanez, gaur egun ez dago zigor mota hau. Azkenik ikasturtea bi bostekin amaitu zen. Beraz, horrek esan nahi du 1. klasea errepikatu behar izan dudala, orduan oraindik beharrezkoa baitzen.

1971ko iraila barnetegia

Niretzat gertaera erabakigarri honen ostean, familia-kontseilua bildu zen nire gurasoen eta hamazazpi urteko nire anaia. Aldez aurretik bidali beharko zen nire aita alemanez hitz egiten zen barnetegi batean egon zela urte batzuk Serbian eskola garaian. Horrela, zein ikastetxetara joan behar nuen jakiteko aholkua eman zen. Jakina, 11 urterekin ideiarik ez nuenez edo zer zegoen mugatzen nuenez, familia kontseiluaren erabakia onartu behar izan nuen. Jaiotzetik protestante bataiatu nindutenez, ez zen onartu nire barnetegi katolikoetan izena ematea, hala nola Strebersdorfeko eskola anaietan. Erabaki honek 13. barrutiko barnetegi batera joan nintzela esan nahi zuen, gramatika humanistiko bat ere barne. Gurasoen erabaki honekin liskarra izan nuen luzaroan, igande arratsaldetik larunbat eguerdira arte gutxi gorabehera han giltzapetuta egon nintzelako. Astean zehar zerbait "hautsi" banu, asteburuan ere ez zegoen emaitzarik noski. Zorionez, hori gutxitan gertatzen zen 13. barrutian. Etxe honetan gauza bat interesgarria zen, erakunde honen burua Adalbert Stifterren biloba zelako (bere izena zuen). Zuzendari hau pipa erretzaile amorratua zen, non kea usaintzen zen eraikin osoan eta, gero eta intentsitate handiagoarekin, bagenekien arriskua gertu zegoela. 3 urte egin nituen Himmelhofen, horrela izena jarri zioten hango barnetegiari. Gero, 2. barrutiko izen bereko barnetegira joan nintzen Franz tutore berarekin. Han, ordea, ohiturak 13. barrutiko berdinak ziren. Horrek esan nahi du, astean zehar nire partetik jokabide okerra egonez gero, nahi gabe asteburua barnetegian zigortuta pasatzeko aukera ematen zidatela. Bertan gainbegiratzea oso handia ez zenez eta, noski, zahartu ere egin naizenez, askotan asteburuak izaten ziren barnetegian. Garai hartan, 13 urterekin, zigarroak ezagutu nituen, eta, ondorioz, etxean gelditzera behartuta egon nintzen. Nikotinarekiko adiskidetasun hori nirekin geratu da gaur arte. Guztia nahiko ondo joan zen 4. mailara arte eta gero ikasketak amaitu berri zituen biologiako irakasle Karintiako bat lortu genuen. 14 eta 15 urte bitarteko ikasleok, jakina, pubertaroari dagokionez erronka bat zen, emakume polita baitzen dagokion figura batekin. Beraz, jokabide-notarik txarrena irabazi zidan ikasgaian zehar adierazpen batera eramaten utzi nuen. Horrez gain, hainbat objektutan notarik txarrenak ere bildu nituen, horrela 4. maila errepikatu behar izan nuen. Honek arrakasta izan zuen eta, beraz, etxean hau irakasten ez zenez, aldameneko auzoko gramatika humanistikoko 5. mailara joan behar izan nuen. Oraindik medikua izan nahi nuenez, antzinako greziera erabiliko nuela suposatu nuen, latinezko hizkuntza ere asko gustatzen zitzaidalako. Interesgarria izan zen garai hartan lehen aldiz klase misto batean amaitzea, baina 6 neska bakarrik zeuden eta gainontzeko mutilak. Lehen seihilekoan oraindik ikasteko gogo apur bat nengoen, baina antzinako greziera batere gustatzen ez zitzaidanez, notak horren araberakoak ziren. Ez zen gai honekin bakarrik geldituta eta, beraz, klasea errepikatu beharko nuke, bakarrik hori ez zen posible garai hartan. Beraz, nire gurasoek erabaki zuten, orain 17 urte nituenez, aprendiz bat hasiko nintzela. 16 bat urte nituenean, oraindik barnetegian nengoela, nire amaren lagun baten semea zen Ernst hurbildu zitzaidan, ea ostiral arratsaldero herri-dantzetara joan nahi ez ote nuen. Hori, noski, zaila izan zen barnetegian, beti ez baitzen hortik ateratzea. Azkenean, azkenean ostiralean 18:00etatik 22:00etara ateratzeko baimena eman zidaten. Herri-dantza 3. barrutiko Danubio Suabarren etxean egin zen. Hara lehen aldiz iritsi nintzenean, 30 bat gizon-emakume aurkitu nituen, eta horietatik gazteenetakoa nintzen. Bertako Danubio Suabar batek bere burua aurkeztu zidan buruzagi gisa, eta hark gurekin dantza herrikoiak entseatzen zituen. Baina dantzarako orduan erabat kontrako talentua nintzenez, gizon honek ere zailtasunak izan zituen niri hori irakasteko. Oraindik gogoan daukat begiraleak nire izterra eskuan hartu zuen pasarte bat, txandakako urrats baten sekuentzia ulertzen ez nuelako. Seguruenik, gaur arte ez da ezer aldatu horretan. Arratsalde hauetan 8 eta 10 bikoterekin herri dantzak ikasi genituen, gero urtarrilean eta otsailean pilota denboraldian egiten genituenak. Denboraren poderioz, adin bereko pertsona talde bat garatu zen, astean bitan Vienako Prater-era boloetara joaten zena. Horrek esan nahi du astean behin entrenatzea eta ostiralean txapelketa. Patronatzaile bat geneukanez, bidalketa konpainia bat, ez zitzaigun gehiegi kostatu. 1982 inguruan 7 gizon eta emakume ibili ziren orduan konpainia honekin Split-etik Dubrovnik-era 10 laguneko belaontzi batean udan. Aste horretan egunero irla batera joaten ginen, atseden bat hartu eta gero autoz jarraitu genuen. Esperientzia zoragarria izan zen

1972ko abuztuan asteburuko etxea

1969an nire aitaren karrera-aldaketak aurrezkiari dagokionez arrakastatsua izan ondoren, diru dezente aurreztu ahal izan zuten. Orain nire gurasoak asteburuko etxe txiki baten bila joan ziren Austria Behean. Bilatzen ari zirena Vienako hegoaldeko arroan aurkitu zuten 10.000 biztanle inguruko udalerri batean. Nire gurasoei aurreneko ikusmena merke bat iruditu zitzaien, baina ezin zuten imajinatu zer etorri zen gero. 12 urte nituela niretzat, noski, plazer bat izan zen, zerratu ondoren erretzeko baimena eman zidaten jabetzan fruta-arbol eta zuhaixka ugari zeudelako, 1930eko eraikina ere ikus zitekeen. Gogoan dut pixka bat igaro ondoren erretzeak bizilagunak apur bat

gogaitzen zituela, garai hartan oraindik hori onartzen zela. Baina bai, "vienoak" ginen, Austria Beherea zabaltzera etorri ginenak. Ba zuhaitzak eta sasiak ezabatu ziren eta etxea ikusten zen. Desabantaila zuen, urteak zeramatzan erabili gabe eta, beraz, zoruarekin eta ganbararekin egoera hutsean zegoela. Dena erre nuenean, bizikleta hartu eta bertako mendiak zituen ingurua arakatu nuen eta behin eta berriz langileen asentamendu batetik igaro behar izan nuen.
Egun batean han zegoen mutil batek galdetu zidan ea bizikletatik jaitsi eta berarekin esertzen nintzen. Hark eskatutakoa egin eta berarekin eseri nintzen. Gero, mutil gehiago etorri ziren eta elkarrizketa interesgarri bat sortu zen. Bilera honetatik adiskidetasuna sortu zen gutxienez hamar urtez eta astebururo zerbait ezberdina egiten genuen. Urteekin bakarrik elkartu ziren bazkideak, lagun horietako bakoitza Austria Behereko beste norabait joan zen bizitzera eta adiskidetasunak desegin ziren.

Etxea berritu ondoren

<u>1972 lehen muxua</u>

Nire gurasoek beti udan oporretara joan nahi zutenez, Vienako eliza ebanjelikoari familia osoak fede bera zuela eskatu zioten. Honen ondorioz oporrak izan ziren familia osoarekin Estirian. Ez ginen hango familia bakarra, 50 bat lagun ginen. Egunero egiten genituen txango eta ibilaldi guztiak, beti politak ziren. Egun batean, txango batetik bueltatu ginen pixka bat lehenago, Angelak hitz egin zidan, ni baino urte bat gutxiago zen. Esan zuen bizi ginen etxeko ganbaran adarraren habia aurkitu zuela eta beldur zela berriro bakarrik begiratzeko, zurekin etorriko ote nintzen. Tira, zergatik ez, ezin da ezer gertatu. Habia honen aurrean gelditu ginenean, bat-batean buelta eman eta ezpainetan musu eman zidan. Izututa nengoen, nire amak bakarrik zuen baimenik hori egiteko eta beste inork ez zuen. Baina hala ere niretzat gorde nuen.

1975eko neguko salmenta

Nire anaiak bankuko funtzionario gisa soldataz gain zerbait irabazi nahi zuenez, 10. barrutiko jatetxe batetik bestera joaten zen eta han saldu zuen egunkaririk handiena. Baina 20 bat urte bete arte bihotz eta arima bat ginenez, egunkariak saldu eta poltsikoko dirua erosi nezakeela esan zuen. Horretarako, 10. barrutiko oinezkoentzako gune batean nengoen jaka horia jantzita eta nire egunkariak goraipatzen. Ondoren, arratsaldeko 10 eta 15 egunkarien kontuak finkatu genituen. Ez zen oso errentagarria, baina, esan bezala, poltsikoko dirua handitu zitzaidan.

1977ko iraileko ikaskuntza

Nire aitak 16. barrutiko janari-saltzaile eta ekoizle handi bateko HR arduraduna ezagutzen zuen, garai hartan ezaguna zena, eta, beraz, aprendiz bat hasi nuen bulegoko funtzionario gisa. Egin nuen lehenengo gauza handizkako kontabilitatean lana izan zen. Han 50 urteko eta gehiagoko lau gizon aurkitu nituen han. Honen saileko burua sinatzaile baimendua zen. Baina aurretik barnetegitik atera berria nintzenez, berreskuratutako askatasuna gozatu nuen. Hau aisialdian gaueko lo egiteko hain zorrotza ez nintzela adierazten zen. Horrek esan nahi du, orain Ernst izeneko lagun bat Vienan nuela, ia arratsaldero iluntzean irteten ginela. Noski, etxera joatea berandu zen. Beraz, hurrengo egunean nire lanaren errendimendua horren araberakoa izan zen. Zuzendari nagusiak, bizkarrean eserita nengoen, mahaia behin eta berriro kolpatzen zuen boligrafoarekin, lanean jarraitu ahal izateko. Denboraren poderioz, ordea, egun osoan 100 eta 200 albaran gehitzeko lana aspertu egin zitzaidan eta, beraz, nire nagusiarekin hitz egitea erabaki nuen ea taldeko beste sail batera eraman naitekeen. Nire eskaera onartu zen eta te sailera eraman ninduten. Bertan bidaltzaile gazte bat ezagutu nuen eta bere nagusia sinatzaile baimendua zen. Hemen ez nuen gehiegi ikasi bulegoko langileari buruz, baina zuzendari zaharrak asko irakatsi zidan teari buruz. Beraz, goizero konfiguratu behar nuen te dastaketa, oso erritual berezi bat egiten zuena: Beraz, gutxienez 10 ontzi ur bero jartzen hasi nintzen eta gero zehazki 2 gramo te gehitzea onartzen nuen. Orduan, jaunak ontzi bakoitzari trago bat hartu zuen, ahoan gordeta eta zapore-papilen gainetik pasatzen utziz. Manipulazio honekin te honen kalitatea zehaztu ahal izan zuen eta gero dagokion kantitatea eskatu zen. Sail honetako lanetan, te-poltsak ekoizteko sistema automatiko bat gehitu zitzaidan, eta horrek asko liluratu ninduen, alde batetik entregatutako tea kaxa handietan zegoelako eta amaieran 20-25 te-poltsak amaituta. beteta atera zen. Baina ikasi nezakeena mugatua zenez, sail berri batera itzuli nahi nuen eta 18 urte inguru nituela etorri nintzen produktu freskoen sailera. Hortik aurrera, egunero prestatzen ziren 250 adarretarako fruta eta barazki bidalketak. Horretarako, banakako dendek egunero hartu behar zituzten eskaerak telefonoz, noski. Gazteen Babeserako Legearen arabera aparteko orduak egiteko baimena ematen zidaten adinera iritsi nintzenez, igandeko elizkizunetan izena eman nuen, behar bezala ordainduta. Nire lankideak nire adinekoak ziren, beraz, laster sortu ziren adiskidetasunak. Beraz, noizean behin trago bat hartzera joaten ginen igandeko lanaren ostean, norbaitek esan zuen arte gela itxietan bakarrik kontsumitzeko moduko zerbait zeukala. Inozoa nintzenez orduan, apartamentu batean sartu eta lurrean eseri ginen eserleku faltagatik. Bat-batean aipatu lankideak poltsikotik zigarro bat atera, piztu eta aurrera eman zion. Uste gabe, nik, besteak bezala, ustezko zigarro hau erakarri nuen. Orduan ketu zenean, hau joint bat zela jakinarazi zidaten. Nire laburpena ona zen, nire sinesmena eta, batez ere, ez nuen ezer sentitu, beraz, kontua konponduta zegoen niretzat eta ez nuen berriro horrelakorik ukitu.

1978ko iraila Lehenengo apartamentua

Nire anaiak 21 bat urterekin ez zuela gehiago emazterik izango eta jada bere apartamentua zuela esan ondoren, 35 metro koadro inguruko apartamentu txikia lortu nuen nire gurasoak Vienan bizi ziren etxe berean. Garai honetan, ordea, 30 bat urtez borrokatu behar izan nuen lekuan ere hasi zen. Alde batetik, behin-behineko lagunak izan nituen asteburuan Austria Behean eta lagun bat Vienan. Azken honekin astean zehar ia egunero ateratzen nintzen eta horrela gertatu zen ez genuela gauza ezberdin asko egiten.

Gero, kartetan jolasteko tabernetara joaten ginen gehienbat. Baina hau denborarekin aspergarri samarra bihurtu zenez, diruaren truke jokatzea erabaki genuen. Baina hori ere ez zen betetzen, eta, beraz, makinak ikusi genituen tokiko makinetan, non dirua sartu eta irabazi dezakezun. Garai hartan Austria osoan aurki zitezkeen beso bakarreko bidelapur deitzen zieten. Bai, hasieran beti etekin txikiagoak edo handiagoak zeuden, baina denboraren poderioz defizita izan zen noski. Batez ere, horrelako gailuak Austria Behean ere eskuragarri zeudela aurkitu nuen. Eta horrela hasi zen nire menpekotasuna, zalantzarik gabe ez berehala, baina denboraren poderioz ezagutzen ez nuen marra bat gainditu nuen.

1978ko maiatza daltonismoa

Garai hartan Austriako Indar Armatuetara joan behar nuen erredakziorako. Garai hartan ez nuen osasun kexarik, baina orduan kolore ezberdineko puntuekin txartel bat aurkeztu zidaten eta hortik zenbaki bat eta gutun bat irakurtzeko eskatu zidaten. Baina ezin nuen hori egin, nahiz eta mapak hainbat angelutik begiratu. Alegia, daltonikoa naizela aurkitu zen, hots, gorri-berde-itsua naizela.

Hala ere, Batzordeak erabaki du guztiz kualifikatua izango nintzela. Urte erdi geroago moto eta kotxe gidabaimena aitarekin atera nahi nuen. Horretarako, ordea, proba bat ere jasan behar izan nuen. Besteak beste, beste kolorezko txartel bat oparitu zidaten, bertatik ezin nuen ezer irakurri berriro. Gero, azterketa gehiago egin beharko nituela esan zidaten, erreakzio proba bat dagokien patronatuan eta 3. barrutian proba psikologikoa barne. Test psikologiko honek 20 orrialde inguru zituen eta nekagarria zen betetzea ez nuelako egin. horren zentzua. Nire argudioa, nik ere adierazi nuena, guztiz kualifikatua nagoela eta ez daukadala gidabaimena edukitzea, ba orduan tiro egingo dizut, gorria eta berdea erabaki ezin dudalako. Nik dakidala, semaforoko gorria bakarrik dago beti leku berean. Azkenean kotxe baterako gutxienez gidabaimena lortu nuen, motoetarako utzi nuen, nahiz eta 16 eta 17 urterekin 2 ziklomotor izan, eta haiekin ez nuen inoiz istripurik izan.

1980ko urria Armada Federala

Urriaren hasieran soldaduska Austriako Indar Armatuekin egin nuen Martinekeko

kuartelean (pentsioa?). Lehen sei asteak oinarrizko entrenamenduak izan ziren eta baita nekagarriak ere. Abendu hasieran nire urtebetetzea zenean, deitzen nintzen, gauza guztietan, eta hori jaiegun batean. Horrek esan nahi du 15 pertsona ingururi 20 tiro biziko eman zizkiola guardiako guardiak bakoitzeko. Orain mahaian eseri eta aginduren bat noiz iritsiko zain egon behar nuen, esan barraketan ibiltzeko. Ez dakit nola, baina bat-batean 2 litroko botila bat zegoen mahai gainean ardo zuriarekin eta nire lagunek nire urtebetetzeaz animatu ninduten. Bai, baina tamalez ez zen kontsumitu genuen botila bakarra izan. Horrek esan nahi du kuarteleko eremuko hurrengo kontroletan bidea gero eta estuagoa izan zela eta amaieran fusila deskargatu behar izan nuen zirrikituetan 20 munizio biziarekin. Nik neuk ez nuen hori egitea lortu, lagun batek lagundu zidan. Dena zigorrik gabe geratu zen, derrigorrezko txostena izan ezik, honako abisu honekin. Lehen sei asteen ostean, prentsa arduraduna jarri ninduten. Nagusi hau goizean bertan zegoen, baina gero bulegotik irten eta lana amaitu baino ordubete lehenago itzuli zen.
Nire lana hango egunkari ezberdinetan subiranoari buruzko erreportajeak bilatzea

zen. Ez zen denbora behar zuen zeregina, nahiko azkar burutu zen. Beraz, gauean oso gutxi nuena atzeman ahal izan nuen, hots, loa. Urrian bizitzera joan nintzenean, 65 kilo neuzkan luzeran banatuta. Kuartelaren inguruan Baden ardoa ezagutu nuen, lehenago ezagutzen ez nuelako. 8 hilabeteren buruan armagabetu nuenean 65 ez nituen, 72 kilo baizik, gaur arte gainditu ez nituenak.

1980ko iraileko lanbidea

Arrakastaz amaitu nuen nire ikasketak bulegoko funtzionario gisa, zerbitzu militarra arrakasta gutxiagorekin, eta, beraz, nire artean pentsatu nuen nola jarraitu. Orain arratsaldeko ikastaroak interesatu zitzaizkidan eta kontulari-ikastaro bat hasi nintzen, eta hori laster gaizki geratu zitzaidan. Beraz, ordenagailuek etorkizuna zutela ikusi nuen eta 1980tik 1981era programazio ikastaroak egin nituen WIFI Vienan, arratsaldero 18:00etatik 22:00etara. Pascal-en bederen azterketekin osatu nuen hau, Cobol-en ez nuen gainditu. Ziurtagiriekin lan merkatuan aukera hobeak nituela esan nahi nuen eta 1981eko abuztuaren amaieran janari-saltzaile handizkako lana utzi nuen.

Berehala 5. barrutian zegoen hodiak eta etengailu-kutxak fabrikatzen zituen enpresa batean lan bat izan nuen berriro bulegoko langile gisa. Urtebete ingururen buruan 11. auzora joan ginen, eta bertan zegoen enpresa honen fabrika ere. Han nuen negozioko lizentziadun zaharrago atsegin bat, behin eta berriro ni inspiratzen saiatu zena. Baina erretiroa hartu zuenean, emakume ingeniari bat etorri zen haren oinordeko. Honek aurreztea zuen helburua eta horrela gertatu zen bi urte eta bederatzi hilabeteren buruan kaleratu nindutela. Garai hartan oraindik ere kaleratze ordainsaria zegoen gutxienez bi soldatarekin, baina enpresan hiru urte igaro ondoren. Beraz, lan berri bat bilatu behar izan nuen eta horren berri eguneroko egunkarietan jakin nuen. Orduan topatu nuen lan bat non aurreselekzioa probako institutu psikologiko batean egiten zen. Beraz, 1984ko maiatzaren hasieran etorri nintzen institutu honetara eta 20 orrialdeko proba sorta bat aurkeztu zidaten betetzeko. Paper honetan sarrera batzuk egin eta gero, orri hauek esku artean hartuta neuzkala pentsatu nuen. Eta halaxe izan zen, urteak lehenago gidabaimena ateratzeko proba bera egin behar izan nuen eta egun horretan lana eskatzeko. Arraro samarra dirudi. Nire informazioa ebaluatu ondoren, elkarrizketa bat eskatu zidaten 8. auzoan. Lanpostu horretarako ezinbestekoa zen urtebeteko guraso-baimenaren ordezkoa izatea. Bertan Austria Beheko ikerketa zentroan lan egiten zuten bekadunen kontuak eta banku liburua ere zaindu behar izan nituen. Baina guztia niretzat erronka txikiegia zenez, zeregin gehiagotara zuzendu nintzen. Horien artean finantzak, aurrekontuak eta aktiboen kontabilitatea zeuden. Ikasi nituen ordenagailu-lengoaiak, urte lehenago eskuratu nituenak, ez ziren erabili lehendik zegoen "programatzaileak" hori eragotzi zuelako. Beraz, amatasun-baimenaren lehen urtea amaitu zen eta orduko buruak, orain zuzendaritzan harria nuen harekin, kontratua luzatu zidan zalantzarik gabe. Baina 8. barrutiko bulegoa enpresa honetan sartu eta urtebete ingurura itxi zutenez (erdipublikoa), Austria Beherera joan behar izan genuen. Vienako konpainiako autobusa erabiltzeko aukera izan genuen. Baina lanak ez ziren goizeko 8:30ak arte hasi eta hori beranduegi zen niretzat. Beraz, lankide batekin hitz egin nuen nire 2. autoarekin batera lanera joango ginela. Hori horrela, bidaia-gastuetan lagundu zuen. Horrek esan nahi du lanegun guztietan 06:00etan ohetik altxatzea, arratsaldean 35 km atera eta 35 km itzuli, eguraldia edozein dela ere. Baina Austria Behean lan hau batere baloratzen nuenez, hori onartu nuen. Bertan eman nuen denbora profesionala ez ezik, pertsonalki ere nire bizitzan izan nuen esperientzia handiko lana izan zen, batez ere hortik asko ikasi nuelako. Kontabilitatean, horixe zen lan egiten nuen sailaren izena, 15 emakume inguru zeuden eta 2 gizon bakarrik, eta horrek hasieran gutxiago eragin zidan. Urteen poderioz, ordea, bi gela kanpoan lan egiten zuen lankide batekin lagun egin nuen. 2 urte inguru gazteagoa eta nahiko inteligentea zen, bere lanetik gertu bizi zen bere gurasoekin bi familiako etxe batean. Iritsi behar zenez, izan zen, adiskidetasuna gero eta handiagoa zen. Gehienetan bere etxean egoten nintzen, baina Vienako nire apartamentura itzultzen jarraitu nuen. Orduan egun batean esan zidan nirekin haurdun zegoela. Orduan 26 urte inguru nituen eta berak proposatu zidan nire betebeharra zela ikusi zuen, onartu zuelako. Jadanik eliza edo erregistro bulego baten bila geunden eta ezkontzarako data gehiago edo gutxiago jarri genuen. Konpainian, noski, ezkutuan zebilen zurrumurrua asko gustatzen ez zitzaidan zerbait gertatzen ari zela. Hala ere, bere aldetik haurdunaldiaren adierazpena baino ez zenez eta hilabeteetan zehar beste ezer ikusi edo entzun ezin izan nuenez, zalantzan jarri nintzen hori egia izango ote zen. Orain, gainera, lankideen "presioa" gero eta handiagoa zen. Beraz, 1987. urte amaieran hiru urte eta erdiren buruan nire kargua uztea erabaki nuen eta enpresan lehenesten uztea bere kualifikazioa nirea baino txikiagoa zelako. Noski, bi soldataren likidaziorik ere ez zegoen, dimisioa eman bainuen. Nire neska-lagunaren ustezko haurdunaldia egiaztatu nuen denbora pixka bat geroago, baina ziurrenik ez zegoen inoiz haurdun. Barkatu nuen postu hori, asko ikasi nuelako, nahiz eta baldintzak beti onenak ez izan.

1988ko urtarrila aitak enplegatua

Nire aitak aurten 58 urte zituenez, berarentzat lanean hastea erabaki nuen, hau da, momentu honetan gutxi-asko autonomoa nintzen, aitak ezin baitu bere semearen alde gehiegi egin. LHn kontabilitatea nuenez, guk geuk egingo genuela erabaki genuen. Gure zerga-aholkulariak dagokien aitorpena edo balantzea egitea eta zerga bulegoan aurkeztea baino ez zuen eginkizuna. 1989an zerga-aholkulari berak esan zuen balantzean S 0,25-ko zenbatekoa Mickey Mouse-ren zenbatekoa besterik ez zela eta, beraz, ez zuela garrantzirik. Beraz, berarekin kontratua eten genuen eta hurrengo urteetan nik neuk prestatu nituen errenta aitorpena eta ondoriozko balantzea.Horren desabantaila bakarra zen, noski, horretan esperientziarik ez nuela. Beraz, hurrengo urtean eskutitz bat jaso nuen zerga bulego arduradunaren eskutik. Ireki nuenean, 1,5 milioi txilingo atzerapenezko estipulazioa irakurri nuen. Zorionez, eserita nengoen gutun hau ireki nuenean. Koma akats bat egin dut dagokion formularioa betetzean. 4-5 bat hitzorduren ondoren, hori zuzendu nuen. Denbora horretan 100 bat colporteur (bezero) izan nituen egunero entregatu behar nituen, oso gutxik izan zuten 20. barrutiko gure negozio lokalera etortzeko denbora. Colporteur azaltzeko, arratsaldez edo goizean eguneroko egunkariak plaza, tren geltoki eta kaleetan koloretako jakekin saltzen zituen pertsona bat zen. Niretzat, beti merkatari independentetzat hartzen ziren. Horrek esan nahi du aldizkariak erosi zizkidatela, hau da, aldizkako inprimatutako lanak, deskontu jakin batekin eta gero produktu bakoitzean zehazten den salmenta amaierako prezio finko batean saltzen zituzten. Industria honen desabantaila ehuneko 100eko itzulera-eskubidea dagoela da. Bezero batek aldizkari baten 10 pieza erosi zizkidan eta haietako 5 bakarrik saltzen bazituen, gainerako 5 piezak itzuli ahal zizkidan aldizkaria berria zenean eta horiek konpentsatzen zituzten. Noski, nire hornitzaileekin ere izan nuen eskubidea, handizkariekin eta argitaletxeekin, esaterako. Dena, noski, denbora izugarriarekin eta, batez ere, dagozkien fakturen kontrol zehatzarekin lotuta zegoen. Horrela, 50 eta 60 ordu arteko astea ez zen salbuespena, araua baizik.

1992ko iraila autonomoa

Nire aitak aurten 62 urte zituen eta 47 urteko kotizazioen ostean azkenean erretiroa hartu zuela argudiatu behar izan nuen. Ez zion ekonomikoki asko lortuko. Beraz, aldizkari saltzaile hau hartu nuen bi merkataritza lizentziarekin, orduan ez zegoen beste biderik. Ganbera-dibisioko bi kide izatea eta, ondorioz, bi kuota esan nahi du. Gero bizpahiru urte geroago lehiakide bat agertu zen. Robin jaun honek eguneroko egunkari txikiago batetik bere colportagea sortzeko aukera izan zuen. Alegia, hainbat atzerritarri jakak eta eguneroko egunkariak eman zizkion eta pertsona horiek Viena osoan banatu zituen. Denboraren poderioz, ordea, jakin nuen gizon honek ez ziola jendeari plazak doan ematen, baizik eta pertsona bakoitzari 5 eta 6 zifrako shilling kopurutan gordailua eskatzen ziola eta hori leku bat esleitu aurretik ere. Nik dakidanez, hau idatziz oso gutxi idatzi zenez, momentu honetan jada susmoa nuen hori noizbait gaizki aterako zela. Honek asko kezkatzen ez ninduenez, berari agintzen utzi nion. Orduan, egun batean, niregana etorri zen eta kontra-akordioak egin genitzakeela esan zidan, eta ez nuen inolako eragozpenik. Vienako argitaletxe batzuen aldizkariak lortu nituen baldintza onetan eta ez zen oso ezberdina berarekin. Hau ondo joan zen pixka batean, niri eman zidan, nik berari eta kontrakoa izan zen. Baina egun batean, ez zen kopuru handirik lortu, telefonoak jo zuen eta Robin linean zegoen. Oraindik zerbait zor niola eta hori aldarrikatu nahi zuela esan zuen. Horrek hain sumindu ninduen, non esan nion nire eskaerari uko egin niola eta ez nuela gehiago haren berririk izan nahi. Bai, tira, hori besterik ez zen nire nahia. Gero eta arabiar, pakistandar eta indiar gehiago kontratatzen zituen eta azkenean nire bi hornitzaile nagusiengana joan zen. Honen aurrekariak aldizkariaren handizkako negozioan lanean hasi nintzenean bi hornitzaile hauekin hitz egin nuela %4,9ko deskontu handiagoa lortzeko. Horrek esan nahi du %28,2aren ordez handiagoa %33,1 gordinarekin. Nire eskaerari erantzunik gabe geratu zen Salzburgoko hornitzaile baten egoitzara joan nintzenean ere, 10 bat urte geroago lortu nuen deskontuaren igoera. Robin jauna bi hornitzaile horietara joan zen edozerrekin eta berehala izan zuen deskontu handiagoa, lotura hori argi nuen niretzat, baina ez dut hau emango.

20. barrutian negozio lokala aitarekin

<u>1988ko azaroa</u>

Orain 28 urte nituen, nire Austria Behereako lagunak estatu federal osoan banatuta zeuden, neurri batean arrazoi profesionalengatik, beste batean lankidetza arrazoiengatik, eta, beraz, nire kabuz nengoen. Berriro ere larunbata arina izan zen eta orduan bururatu zitzaidan 30 kilometrora han bi neska bizi zirela, txikitatik ezagutzen nituenak nire anaiarekin eta amarekin uda Austria Behean pasatzen nuenean. Beraz, autoan sartu eta 800 biztanleko herri honetara joan nintzen. Bi neska ez ezik, 3 aurkitu nituen. Emakume nagusiaren laguna bisitan zegoen. Denbora gutxiren buruan dantzara joateko proposamena egin nion. Lagunak esan zuen nekatuta zegoela eta etxera joan behar zuela senarrarekin. Beraz, biak geratzen zitzaizkidan eta makillajea eta estilismoa denbora pixka bat eman ondoren, iritsi zen ordua. Nire kotxea 60 bat kilometrora eraman genuen aldameneko auzoraino, inguru horretan oso gutxi zegoen. Bada orain diskotekan eserita nengoen bi neskarekin, bata bost urte gazteagoa eta ez zertan polita, eta bestea, urtebete zaharragoa eta nahiko "mozorrotuta". Orain ez nuen beste erremediorik batarekin eta gero bestearekin txandakatzea, eta hori niretzat, halako dantzari trebea nintzenean. Arratsaldean zehar, gauerdia pasata zen jada, azaroaren 13an, mahaian eserita nengoela, belaun batek nirearekin topo egiten zuela eta gero gelditzen zela ohartu nintzen. Nire ustez hurrengo dantzek helduenen hurbilketa osatu zuten eta etorri behar zen bezala etorri zen. Zoragarria izan zen. Honek 20 urte on iraun zuen orduan.

1995eko udazkena

Nire lehiakidea gero eta oldarkorragoa zen egunkari eta aldizkarien salmentari dagokionez, eta bere kolportanteentzat deskontu handiagoak egiten zituenez, nik ere erreakzionatu behar izan nuen. Zorionez, garai hartan austriar argitaletxe batzuk nituen bizi ahal izango nituenak, une hartan behintzat ez baitzegoen ezer egiterik aipatu handizkariekin. Nire ondasunak isilpean bakarrik saldu ahal izan ditudala adierazten zen hori, nire bezeroengana etortzen nintzen bakoitzean -eta urteak daramatzate- beti zegoen Arabiar bat Robin enpresari esleitu zitekeena, nire eroslearekin eta horrela nire salmenta eragotzi zuen. Beraz, nire aldizkariak modu borobil batean salgai jarri behar izan nituen, nire ondasunen erosleak eragozpen ekonomikoak jasango baitzituen niri erosten ikusi izan balute. Baina gainbegiratze-organo horien adimena zertan gorena ez zenez, nire ondasunak ekartzen jarraitu nuen, nahiz eta zailtasunak izan. Garai hartan salmentak (600.000 Schillingen balantzea guztira) eta aldizkari kopurua izugarri handitu ahal izan nituen, hornitzaile nagusia kamioi handi batean etorri zitzaidan 20. barrutian, aitaren negozioa hartu nuen tokian. lokala. Askotan 10.000 aldizkarirekin

2 palet zeuden salgai. Garai hartan orain arte igo nintzen, ziurrenik lehiaketa arrazoiengatik, astea astelehenetik igandera ibiltzen zen. Nire bikotekide Brittak, 1988az geroztik, arrazoiz kexatu zen hori eta hori aldatu behar izan nuen, eta, beraz, asteburuko atseden hartu nuen behintzat. Baina buru lodi samarra naizenez eta egin nahi dudana egingo dut. Beraz, behar zuen moduan atera zen.1998ko otsailean ikusi nuen kasualitatez bi hornitzaile nagusietako batek Robin enpresari entregatzeari utzi ziola. Egun batzuk geroago Robinen konpainiak porrot egin zuela jakin ahal izan nuen ofizialki. Porrotaren zenbatekoa ATS 35 milioikoa zen. Kopuru horrek, zalantzarik gabe, Robin jaunak eta bere langileek kolaboratzaileei hartu zizkieten gordailuen zati txiki bat baino ez zuen barne hartzen. Zurrumurrua zen bere 100 eta 200 kolaboratzaileei 15 milioi txalin inguru lapurtu ziela. Porrotaren ostean gizon hori bizkartzainekin kalera irtetera bakarrik ausartu zela ere jakin nuen, seguruenik atxikitako gordailuak zirela eta. Porrotaren ondorioz, bat-batean 33,1 gordineko deskontu handiagoa emateko prest zeuden. Bai, baina ordurako berandu zen.

1998ko uztaileko oporrak

Inoiz oporretara joateko zalea izan nintzenean, oraindik 2 asteko oporrak izan nituen Kretan, gaur arte, ziurrenik, nire bizitzako ederrena izan zena. Oroimenean geratu zitzaizkidan bizipen batzuk ere bazeuden: Britta bikotekidea eta biok ziklomotor bat maileguan hartu genuen. Ergelkeria bakarra zen erdi-automatiko bat zela. Hau da, biok ibilgailu honetan eserita geunden eta itxuraz enbragea azkarregi etortzen utzi nuen eta beraz nire bikotea lurrean eserita zegoen. Tira, bai, lehen oztopoaren erdibidean. Jabeak esan zigun 50 kilometro baino ez genuela gidatzen. Hori entzun eta bidaiari ekin genion. Baina uharte honek desabantaila duenez, guk ez bezala, mendi guztietan gora eta behera ibili behar zenez, guk ere hori egin genuen eta 50 kilometroak ahaztu egin ziren. Mendi tontorrean atseden bat hartu eta belar gainean eseri ginen. Orduan Brittak bat-batean esan zuen inguruko zuhaiztian zerbait laranja ikusi zuela. Momentu horretan hesiaren azpira igo eta uzta garaian itxuraz ahaztuta zegoen laranja bat aurkitu genuen. Noski berehala aukeratu ditugu. Zuritu genuenean, usain izugarri indartsua sartu zitzaigun sudurrean eta, batez ere, fruta honen gozamena deskribaezina zen. Gero aurrera egin genuen, oso gogoa genuelako ondoko mendira monasterio batera joateko. Orain eguerdia zen eta eguzkiak gogor jotzen zuen. Errepidea ez zegoen asfaltatua, hartxintxarra zen. Hala ere, gure bidaia jarraitu genuen. Bat-batean ohartu nintzen ziklomotorrak ez zuela nik nahi nuen moduan erreakzionatzen. "Laua" genuen. Ez zegoen ezer urrun eta zabal. Beraz, ibilgailua bero handienean bultzatu behar izan genuen hurrengo gasolindegira, 5 kilometrora segurtasunez. Jabeari ez genion ezer kontatu gertatu zitzaigunaz, baina esperientzia bat izan zen biontzat. Egun batzuk geroago ostatu hartu genuen hotelean jeep safari bat egiten ari zen. Gogoratzen dudanez gutxienez 10 jeep zeuden janariz beteta eta uhartea zeharkatu genuen iparraldetik hegoaldera eta ekialdetik mendebaldera Elafonisi-ra (Kretako Maldivetara) iritsi ginen arte. Bai, nahikoa janari genuen, haragitik hasi eta entsaladaraino, baina falta zena mahai-tresnak ziren. Beraz, emakumeak itsasora joan ziren, eskuak garbitu eta eskuekin entsaladak prestatzen zituzten. Nolanahi ere, zapore ona zuen. Urtebete beranduago, uztailean berriz ere, oporretara joan ginen Lanzarotera. Han ez zitzaigun gehiegi gustatu, inguru guztia oso antzua iruditu zitzaigun, itsasora ere ezin ginen igerian joan, ura oso hotza zegoen (Ozeano Atlantikoa). Eta berriro ere 2000ko uztaila baino urtebete geroago Estiriako ostatu batean egon ginen egun batzuetan, eta handik ibilaldi batzuk egin genituen. Harrezkero ez dut ia oporraldirik izan, 2017an izan ezik, egun gutxitan Italiara autobusez, hegazkina hartzea baino nekagarriagoa noski.

2000ko abuztua

2000ko uztailean Austriako oporretatik (3 egun - Austriako bidaia) itzuli ginenean, Brittak esan zidan sabeleko mina zuela eta ordurako ginekologoarekin hitzordu bat zuela honi buruz. Hitzordu honen ondoren, berehala deitu zidan: kezkatuta nengoen noski eta esan zuen: Zer ona. Zer izan behar zen hori? Aita izango naizela esan zuen. Harrituta nengoen, baina biok beretzat hartu genuen ume honentzat hor egongo ginela. Abortuaren gaia ez zen inoiz landu, eta ona zen, jakin nuenerako behintzat. Epemuga 2001eko martxoaren hasieran ezarri zen.

2001eko otsailaren 24an, larunbat batean, Brittak goizean esnatu eta ordua iritsi zela esan zuen. Nire lanerako, furgoneta bat nuen urtetan mugitzen zena. Aurreko egunean ere elur dezente egin zuen. Beraz, 50 bat kilometro egin genituen ospitalera kotxean berogailurik gabe, ez baitzuen funtzionatzen. Ospitalera iritsi zirenean, denbora pixka bat beharko zuela konturatu ziren. Beraz, elurretan paseo bat ematera joan ginen konplexuan. Arratsaldean utzi nion eskaerarekin jakinarazteko, eguneko ordua edozein dela ere, etortzen zen ala ez. Ez zen deirik iritsi, beraz, ospitalera joan nintzen 8:00etan Mardi Gras-ean. Bere gelako atea ireki nuenean, hitzarekin agurtu ninduen: Sorpresa! Une bat geroago atea berriro ireki zen eta erizain batek nire semea ekarri zidan. Betiko gogoratuko dudana lehen aldiz eskuetan eduki nuenean izan zen. Deskribaezina.

Nire semea 10 hilabeterekin

1990 - 1991 apartamentua

Ordura arte, 18 urterekin neukan apartamentu txikian bizi nintzen. Baina jabetza-kudeatzaileak eta etxebizitza-eraikinaren jabeak etxea berritu nahi zutenez, solairu bat jaitsi behar izan nuen apartamentu apur bat handiago batera. Nire apartamentua aldameneko apartamentuarekin batu zen, obra amaitu ondoren 70 metro koadroko apartamentura itzuli nezakeela hitzemanez. Hau ere ikusi zen eta 1991n apartamentu honetara joan nintzen bizitzera. Baina urteen poderioz nire mendekotasuna okerrera egin zuenez, garai hartan ez nekienez, alokairuen ordainketarekin atzera egin nuen. Beraz, etorri behar zen bezala, desalojo auzi bati heldu zitzaion. Britta eta biok apartamentu baten bila geunden. Bilatzen ari zena egunkari bateko iragarki batean aurkitu zuen. Etxetxo bat 2. barrutian, 10.000 txilingo inguruko alokairuarekin. Adierazi nuen ezin nuela ordaindu, baina ez zela zertan onartu. Hori dela eta, 20. barrutiko etxebizitza etxe kaleratze abisurik gabe itzuli eta 2. barrutira joan nintzen. Baina jokoarekiko zaletasuna hobetu ez zenez, okerrera egin zuenez, laster 20. barrutian izandako emaitza berdinarekin tokatu zitzaidan. Beraz, nik neuk

20. barrutian bilatu nuen Garcionerre bat, agian ordaindu ahal izango nuena.

1980 – mendekotasuna

Dena txiki hasi zen, makina batean txelin batzuk bota zituen eta agian behin zerbait irabazi zuen, baina hori zuzenean ontzi honetara bota, irabazi handia datorrelako. 15 urte inguru behar izan nituen jokoarekiko menpekotasuna nengoela konturatzeko. Nire bikotekide Brittak terapia egitera animatu ninduen, baina horren menpekotasuna nintzela ere aitortu behar izan nuen. Beraz, Gamblers Anonymous-en laguntza bilatu nuen. Astean behin talde-terapiak zeuden eta banakako terapiak antolatuta. Terapia indibidualak nerbio-hauste bat eragin zidan, inoiz ez nuelako horrelakorik bizi, batez ere terapeuta oso sakondu zelako. Talde-terapiak ez zuen zertan arrakastatsua izan, saioaren ostean kotxean sartu eta berriro arcade batean amaitu nuelako. Beraz, terapia honi ez diot zentzurik ikusten. Antza denez, gehiago egin behar izan nuen zentzu honetan. Brittak galdetu zidan terapia honen aurrerapenaz, edo jotzeari utzi nion ala ez. Honi "bai" erantzuten diot, jotzeari utziko niokeela. Nik dakidala, hori izan zen 20 urteko lankidetzan gezurra esan nion aldi bakarra. Baina galdera sentikorrak trebeki saihesteko ohitura ere banuen, batez ere finantza izaerakoak. Beraz, garai hartan ez nuen aterabiderik ikusten eta suizidioaren pentsamenduak gero eta hurbilago zeuden.

2001eko ekaineko porrota

2001eko otsailaren 15ean, nire semea jaio baino hamar egun lehenago, porrotaren negoziazioa izan nuen. Honen aurretik nire ekimen propioa edo nire ulermen komertziala aurkeztu zen. Honetaz hitz egin nuen epailearekin eta hartzekodunei eskain genien %13,84 inguruko kalte-ordaina lortu genuen. Vienako Merkataritza Auzitegian egindako epaiketa honetan, 20 hartzekodun ingururen bi hartzekodun ordezkari izan ziren. Eskainitako kupoa ez zuten onartu kredituak babesteko elkarteko eta AKVko abokatuek. 2001eko ekainaren erdialdean, 20. barrutiko udal agintariek ia 9 urtez nituen bi merkataritza lizentziak itzultzeko eskatu zidaten. Horren arrazoia zen denborarekin zor dezente pilatu nuela. Hau egin nuen eta gero langabe moduan erregistratu nintzen. Nire aitak, garai hartan erretiratua zegoen, bere merkataritza lizentzia erosi zuen berriro aldizkariaren handizkarako. Eta horrela jarraitu zuten negozioak, baina horrek ez ninduen eragotzi jokatzea eta, batez ere, zerbait egiteari.

2000 magistratua / finantzak

Milurtekoaren amaieran, nire bezeroak niregana etortzen ziren eta diru-sarreren berrespena eskatzen zuten. Hau da, dagozkien bulegoek diru-sarreren egiaztagiria eskatzen dute bizileku-baimena luzatzeko edo berriro aurkeztean. Ofizialki Austrian bizi den pertsona batek 700 euroko gutxieneko diru-sarrerak izatea espero zen. Niretzat erraza izan zen zehaztea deskontu finkoa eta txikizkako prezioa zegoelako. Beraz, zenbateko nahikoa bazen eta dagokion papera magistratuarengandik jaso bazenuen idatzi nizkizun. Egunik ez nuen dirurik jaso paper hau igortzeagatik, 2006. urtera arte behintzat. Niretzat, pertsona horiek merkatari independenteak ere baziren eta nik idatzitako zenbatekoa balorazio kanalera ere transferitu behar izan zuten. Benetan hori praktikatu zuten ala ez nire ezagutzatik kanpo dago. Baina hori ere zehaztu nuen ikusgai dauden paperetan.

2006ko martxoan nire aitaren heriotza

2006ko otsailaren 25ean nire gurasoak etorri zitzaizkigun, Britta, nire semea Gregor eta ni Austria Behera. Nire bikotekideak gonbidatu zuen nire semearen 5. urtebetetzera. 1992an erretiratu ondoren, aitak hamar kilo inguru irabazi zituen. Ez zegoen gizena, baina bazkariaz bete-betean gozatu zuen. Noski, nire semeak 5 urte zituela jakin zuen jada, beraz, nire aita bonbardatu zuen opilekin mokaduan. Hartu aitonak pastela, badakit zuri ere mozketak egitea gustatzen zaizula. Ordu laurden geroago erroskila batekin etorri zen eta aitonak hartu eta jan zuen. Biharamunean dendan 7ak aldera nire aita jada han zegoen, ohi bezala. Kotxean sartu eta bezero batengana joan ginen. Ibilaldian, gau hartan oso gaizki lo egin zuela esan zidan. Horrez gain, ordu erdiro altxatzen zen komunera joateko dagokion bularreko minarekin. Ordubete beranduago lanean bueltatu ginenean, premiazkoa eskatu nion kale bereko gure medikuarengana joateko begirada bat ematera. Tira, bai, negua zen 2006ko otsailaren 26an eta nire aita jertsearekin bakarrik joan zen medikuarengana erreparo handiz. Ordu bat pasa ondoren nire telefonoak jo zuen eta bere txanda izan zen. Kalean beherako internistari jaka bat ekarri beharko nioke, familiako medikuak berehala bidaliko baitzuen internistarengana bihotzeko susmoarekin. Mediku honek ez zuen bere burua hara eramaten diagnostikoa egiteko eta berehala anbulantziara deitu zuen ospitalera eramateko. Ospitalera iristean, bi medikuek susmatzen zuten susmoa baieztatu zen. Han 11 egunez egiaztatu zuten eta martxoaren 10ean, ostiralean, aske utzi zuten. Martxoaren 13an goizean, beti bezala, 07:00ak aldera sartu nintzen dendara eta aita jada bertan zegoen. Goizean egiten dudan lehenengo gauza kafe bat jartzea zenez, hori ere egin nuen egun horretan. Bitartean, nire aita pasilloko komunera sartzen ari zela ohartu nintzen. Ohi bezala, amari kafe bat jarri nion etxe bereko lehen solairuan eta eskailerako dendaren atzealdera joan nintzen. Gure korridoreko komunean argia piztuta zegoela ohartu nintzen (beira opakoa) eta banekien nire aita bakarrik izan zitekeela, baina 10-15 minutu pasa ziren azkenekoz ikusi nuenean. Orduan gurasoen apartamentura joan nintzen eta berarekin hitz egin nuen pixka bat. Berriro komunetik pasatu nintzenean, argia oraindik piztuta zegoen eta dendara sartu zen, baina ez zegoen inor. Beraz, berriro komunera joan eta leihoa jo nuen, baina ez zen erreakziorik izan. Bitartean ondoan bizi zen bizilaguna bere etxebizitzatik atera zen. Baina komunean erreakziorik ez zegoenez, ateko leihoa ukondoarekin apurtzea beste aukerarik ez nuen izan. Orduan ikusi zuen jada hormaren kontra makurtuta eserita eta sudurretik odola zuela. Bizilagunak berehala anbulantziara deitu zuen eta korridoreko zururako arropa ere ekarri zidan, jantzi ahal izateko. Erreskatea nahiko azkar egon zen eta desfibriladore batekin bueltan ekartzen saiatu ziren, baina alferrik. Anbulantziak heriotza zehaztu behar zuela jakinarazi zion medikuari. Bitartean polizia ere etorri zen, non gizon bat egon zen hildakoaren ondoan medikua etorri zen arte. Hau 3 ordu inguru igaro ondoren etorri zen. Bere galderetako lehena izan zen, jakina, erantzun nezakeen azken aurkikuntzarik ba ote zegoen. Begiratu zuenean, esan zuen: Koktelarekin ez zen ezer harritzekoa eta astelehenean Vienan hiltzea ez zen onuragarria izan, auto-ilarak ditugulako. Doluan egon ez banintz, ezin izango nintzatekeen halako adierazpenak kontrolatu. Baina oraindik hunkitzen ninduena zera zen: nire amari esan behar nuela, bere apartamentuan zegoena. Eta hurrengo arazoa nire anaiari, 20 bat urte zeramatzan harremanik gabe, gure aita hil zela jakinaraztea izan zen. Gurasoekin liskar bat zegoen eskubidea zuen herentziagatik. Baina ordubete barru egon zen hitz txarrik gabe. 2006ko martxoaren 24an Vienako hilerrian lurperatu genuen. Gero hilkutxa jaitsi zenean, ekitaldi erabakigarria izan nuen. Aitarengandik asko oinordetzan jaso nuen, besteak beste, arazoez ezin hitz egin eta ekiditen jarraitu genuela, orain berandu zen. 2006ko martxoko estortsioa Martxoaren 14an itzuli nizkion aitaren bi merkataritza lizentziak 20. barrutiko magistratu arduradunari. Lehendik ere ezagutzen nuen maneiua zentzu honetan. Martxoaren 20an, nire telefonoak jo zuen eta zenbakia kendu zidaten. Beste muturrean izenik esan ez zidan gizon bat zegoen, elkarrizketan zehar hainbat aldiz galdetu nion arren. Milurtekoaren hasieratik idazten ari naizen baieztapenak idazten jarraitu behar nuela esan zuen. Hori zergatik egin behar nuen galdetu nionean, nire semea hazi zen tokiko inguruabarrak esan zidan, han bazina bakarrik jakingo zenituzkeela. Esaterako, gaur haurtzaindegira joan denean eta antzekoak. Horrek, noski, haserretu ninduen eta mehatxu egin nion. Haren erantzuna izan zen aurreko deiaren ondoren atzerritar bat bidaliko zidala eta baieztapena eman beharko nuela. 10 € kobratu beharko nituzke hilabete baterako eta 15 € hainbat hilabetez, pertsona horiek gero ordainduko lituzketenak. Hasieran ezezkoa eman nion, noski, argudiatuta ezin nuela gehiago idatzi hori lanbiderako eskubiderik ez nuelako, baina denborarekin nire semeari buruzko informazioa, egiten ari zena, gero eta errealagoa bihurtu zen eta bere gain hartu behar izan nuen. Gregor ondoan geratu zela, urtebete geroago frogatu zena. 800 biztanle inguru eta 34 kilometro koadroko azalera duen herrian, ezezagunek berez erakartzen dute arreta, batez ere eraikin publikoen aurrean gidatzen ari direnean, hala nola eskola edo haurtzaindegia. Orain poliziarengana joatea eta salaketa bat aurkezteko aukera nuen, onartuz gero, eta nire semeari babesa emango dio astebete edo bi, eta orduan dardar egin behar dut gizonak ezer bururatzen ote zaion. Beste aukera nire erara egitea zen, ondorioak alde batera utzita irakurtzen nituen. Beraz, deiak astean behin baino gehiagotan etortzen ziren zenbakiak kenduta eta partzialki ezagutzen nituen atzerritarrek haien baieztapenak jasotzen zituzten ordainketaren aurka.

Jendeari nondik kontaktua zuten galdetu nionean, ez nuen informaziorik lortu. Beraz, pertsona hauei jarraitzea erabaki nuen, baina hasieran behintzat hori itxaropenik gabe zegoen. Bitartean, jada 2007ko udazkena zen, nire semea lehen hezkuntzara joan zen. Herrian pederasta zela suposatzen zen hainbat lekutan gizon bat behatzen zen, eskolan edo haurtzaindegian behin eta berriz ikusten baitzen. Baina hau akats bat izan zen, guztia niretzat pentsatuta zegoen. Ostiral batean eskolatik, eskola egun guztietan bezala, nire semeak eskola-autobusa hartu zuen etxera. Irteera puntutik bizilekurako 500 bat metroko bidea guztiz ikusten ez zenez, bat-batean auto bat alboko kaletik etorri zen, nire semearen parean gelditu zen eta bidaiarien atea ireki zen. Gizon batek hitz egin zion eta gozokiak eman nahi zizkion. Nire semeak behin erreakzionatu zuen eta berehala korrika egin zuen nire bikotekidea zain zegoen etxera. Ibilgailua ikusi zuen eta poliziari ere deitu zion, haiek etorri arte gidaria mendian zehar egon zen kalea hil arren. Semeak egun berean, ostiral arratsaldean, horren berri eman zidanean, nire bikotearekin hitz egin nion eta esan nion hau ez zela pederasta bat, niri aplikatuko zitzaidala, baina pederastaren bertsioari eutsi zion.

2006ko abenduaren 13a

Ostiral bat zen eta berriro 13. Bi irteera zituen dendan eserita nengoen, bata etxeko patiora eta bestea kalera. Nire programetan idatzi nuen, denbora luzean bezala, eta horren arabera xurgatu nintzen. Bat-batean patioko atea jo zuten; beste atea itxi nuen. Eguerdi aldera zen eta etxeko festa bat zela suposatu zuen. Atea ireki nuenean, 190 cm inguruko altuera zuen gizon bat zegoen, itxura ona zuena. Bere izenarekin eta NANarekin identifikatu zuen Vienako Zerga Bulegoko "zuzendari ofiziala" gisa. Orain esan zuen, A4 paper bat eskuan zuela, eskuan nire enpresaren zigilua eta nire sinadura aurki zitezkeen baieztapen bat zuela. Bi aldeetatik inprimatuta zegoela ere aldarrikatu zuen. Sartu zitekeen ere galdetu zidan, eta nik ez nuen uko egin. Baina orduan berehala gezurtatu behar izan nituen bere aldarrikapenak. Alde batetik, ez nituen inoiz eskutik eman bi aldeetatik inprimatutako paperik, eta, bestetik, ez nien zigilurik jarri halako letrei ere, idatzitako programan jada sartuta zegoena. haientzat neuk. Inoiz ez nuen izan erreklamazio hau oinarritzen zen gutunik. Orain esan zuen nire standeko PCa aztertu zezakeen ala ez, eta ez nuen ukatu. Gainera, nire bankuko laburpenak ikusi eta argazkiak atera nahi izan zituen, atzean apalean nituenak, ez nion uko egin, ez bainuen inolako errurik ezagutzen. Orain bere minutuak hartzen hasi zen. Halako diru-sarreren baieztapenak nola sortzen ziren, noiztik eta zertarako galdetu zuenean, nik horregatik jasoko nuen galderekin amaitu zuen bisita, eta dirua ez ezik, produktu naturalak ere esan nahi zuen. Zer erantzun behar diot orain, bitartean konturatu bainintzen bere lorpen-zentzua behar zuela, eta, bestalde, oraindik momentu honetan nire xantaiatzailea nuen, presio dezente jarri ninduen. Beraz, bere galderari erantzuna eman nion: ez dut ezer jaso trukean. Bere erreakzioa hau ez zuela sinesten izan zen. Hurrengo urtean nire dendara beste bitan etorri zen aldez aurretik jakinarazi gabe eta bilatzen jarraitu zuen. Azken aldian, ea stand PCa berekin eraman zezakeen zerga bulegora galdetu zuen, eta nik baiezkoa erantzun nion denbora pixka bat igaro ondoren. Ordenagailuarentzat zertan onuragarria izango ez zela pentsatzeko garaia, baina, noski, ez nuen ezer ezkutatzeko. Bi egunen buruan lanean jarri nuen, baina ez zidan esan legez kanpoko zerbait aurkitu zen ala ez. Orain arte ondo ala ez. 2007ko udazkenean 22. barrutiko zerga bulegorako "gonbidapena" egin zen orduan. Bertan bere zerga-ikuskapenaren emaitzak eskaini zizkidan, finantza alemanez esaten den bezala. Dagoeneko adierazi zidan estimatu beharko ninduela errenta-kontua egiteko zer egingo nuen esaten ez badiot eta horrela adostu genuen izen hori. Bere kalkuluen arabera, baieztapen bakoitzeko 100 euro jasoko nituzkeela uste zuen, 1998tik hasi eta 2008ra arte. Hau da, 40.000 euroko diru-sarrera eta "ostatu" gastua % 50 ken. Beraz, haren aburuz, urtez urte 20.000 euro irabazi nituen lan honekin, eta hori ere zegokion errenta apalagoan islatu zen. Kolpe batean, zerga-bulegoaren eta osasun-aseguruaren konpainiaren bi erreklamazio izan nituen 6 digituko zenbatekoaren zenbatekoan, eta berehala erantzun nion orduko finantza-senaturari helegitea jarriz, zerga bulegoen goi-mailako organo gisa, gaur, nik dakidala, finantza prokuradoretza da. Izendapen guztiak, eta ordurako 9 urtekoak ziren, bulego indibidualek baztertu edo baztertu zituzten. Estatuak edo bere funtzionarioek arrazoi dute gehienetan, herritarrak apenas. Garai hartan espero ez nuena, ordea, zuzendari ofizial honek, arau-hauste ekonomikotzat ez ezik, lege-haustetzat ere ikusi zuela izan zen. 2008an bere azterketa amaitu ondoren, berak eraikitako datuak, inoiz ezin izan zituen frogarik eman, Vienako Fiskaltzari helarazi zizkion, legez kanpokotasuna egiaztatzeko. 2008ko izendapenez gain, 2006tik 2008ra bitarteko ekitaldietarako, azkenean xantaiari heldu nionean, 3 urte hauetarako errenta aitorpena prestatu nuen, errenta-kontua egiteagatik 2.500 €-ko diru-sarrerarekin. gaur arte ez dira kontuan hartu. 1998tik 2005era barne, ez nuen sarrerarik izan zirkunstantzia hori dela eta. Fiskaltza honek ere erreakzionatu zuen dagozkien barrutiko auzitegien moduan, non 2009 eta 2011 artean 100 zitazio ingururen lekuko gisa agertzeko "eskatu" ninduten. Han prozesua beti berdina izan zen. Dagokion auzitegiak egindako galdeketen oinarrizko tenorea beti berdina zen. Paper hau atera ote nuen galdetu zidaten eta noski zergatik. Beti zegoen nire parean eserita atzerritar bat, zeina, besteak beste, 35 Udal Sailak konfirmazio horrekin bizileku baimena lortu edo erosi izana leporatzen zion. Prozesu hori oinarri zuen papera aurkeztu zidaten eta eman nuen ala ez zehaztu behar nuen. Horietatik %90 nire paperak ziren, baina faltsutzeak ere bazeuden, horixe dio zuzendari nagusiak. Akusatutako atzerritarrek, nik behintzat itxuraz ezagutzen nituenak, benetan erruduntzat jotzen baziren, 2 hilabetetik hiru urtera, baldintzapean, ez zuten gehiago. Esan bezala, 2008ko maiatzean azkenean xantaiarena lortu nuen ustezko kolportante bati segika, hark baieztapena jaso ostean. Argudio "indartsuekin" gizon honi erregutu nion nire zenbakia berehala ezabatzeko eta ez ninduela berriro deitzeko. Ez nuen itxaropen handirik, baina halaxe jarraitu zuen arrazoiengatik eta ez nuen berriro ikusi edo entzun, baina mugikorraren zenbakia ere aldatu nuen. Inoiz ez nuen jakin zer atera zuen edo ez. 2010eko udaberrian, bat-batean, Vienako Fiskaltzaren - Vienako Zigor Auzitegiaren gutun ziurtatu bat jaso nuen. Bertan fiskaltzara susmagarri gisa agertzeko eskatu zidaten, galdeketarako. Hori bete eta fiskalaren aurrean eseri nintzen. Legea betetzen ez zuten errenta kontuak egitea leporatu zidaten. Adin ertaineko gizon honek espediente batzuk aurrean zituenez, orritxoak eman eta galdetu zidan ea ezagutzen zuen han irakurtzen ari zen izena eta, batez ere, nola sortu ziren halako paperak. Orduan bere galderak berretsi nituen, baina baieztapenak erakusteko eskatu nion, non berriro ere faltsuak %10 inguru antzeman ahal izan nituen, berak ere ikusi zituen. Gogoratzen dudanez, aurten bigarren aldiz izan zen berarekin. Fiskalaren partetik akusatu bati galdeketa besterik ez zen izan. 2011ko udaberrian beste gutun ziurtatu bat jaso nuen, baina oraingoan Vienako Zigor Auzitegitik, non akusatu gisa joan behar nuen. Han ezagutu nuen epaile bat, fiskalarekin, ordurako ezagutzen nuena, eta nire defendatzaile publikoa zeinak, harekin nuen lehen bileran, epaiketarako 6.000 orrialde irakurri behar zituela salatu zuen. Orain negoziazio honetara heldu zen, non berez alde guztiek galderak egin zituzten. Paperen jaulkipen honetarako dirurik jaso ote nuen galdetzeak bigarren mailako garrantzia zuen, fiskalak egindako galdeketan bezala. Nire erantzun eta argudioekin epailea ahalik eta ondoen konbentzitu ahal izan nuen. Nire abokatua errezeloago zegoen, nire akusazioarekin zerikusi gutxi zuen aurrekari bat zulatuz. Fiskala apur bat iraunkorragoa zen eta galdera bizkor samarrak egin zituen. Epai honen emaitza, epaileak epaia iragarri zuen,

24 hilabeteko kartzela zigorra, kartzelarik ez. Epaia eman ostean, horren inguruko erabakiaren berri eman zidan; Epaia berehala onartzeko, 3 egun berehala aztertzeko edo errekurtsoa jartzeko. Benetan ez nuen halakorik espero, aske eta errugabe gisa epaitegitik atera nezakeela suposatzen nuelako. Beraz, nire defentsako abokatuari begiratu eta 3 hatz erakutsi nizkion 3 egunez pentsa zezan. Baina fiskalak nire zalantzak ikusi zituela ikusita, helegitea aurkeztuko zuela edo legezko neurriak hartuko zituela esan zuen. 2012ko otsailean, Vienako Eskualdeko Auzitegi Nagusiaren bigarren epaiketa egin zen, eta bertan epaia nire aldekoa izango zela suposatu nuen. Beraz, epaitegira agindutako orduan sartu nintzen eta epaileen senatua aurkitu nuen. Nire datuak egiaztatu zirenean, epaileetako batek hitz egin zidan: Vienako Zigor Auzitegiaren epaia 16 hilabete baldintzapean eta 8 hilabete baldintzarik gabe aldatuko da. Horren aurrean nire erreakzioa: Ezin da hori izan! Epaileak esan zuen: epaia ulertu ez baduzu, 8 hilabetez atxilotu beharko duzu. Niretzat mundu bat erori zen. Batetik, xantaia egin zidaten arte fede onez eman nituen paper horiek; bestetik, nire semea babestu nahi nuen, galtzetan gaizki ateratzen

zitzaidan. Ia inoiz ez nuen abantaila ekonomikorik izan eta horregatik zigortu ninduten. Jakina, nire abokatuari galdetu nion zer gehiago egin zitekeen zentzu honetan, baina konturatu behar izan nuen ez zegoela epai honen aurka errekurtsorik, eskaera bat baizik. Baina berehala ez zidan itxaropenik eman eskari horren ondorioz Auzitegi Goreneko erabaki horretan zerbait aldatuko zenik. Baina egiteko eskatu nion. Baina ez zuen arrakastarik ere izan. Orduan, epailearen gutun bat jaso nuen, non beranduenez 2012ko apirilaren 10erako Simmering espetxean egon behar nuen, nire 8 hilabeteko espetxe zigorra hasteko.

2006tik 2011ra zaintzari buruz

2006ko martxoan nire aita hil zenean, esan bezala, 20. barrutian nire Garcionerreko desalojo baten aurrean nengoen berriro. Orain, senarra hil eta gero, nire ama guztiz bakarrik zegoen, eta ia 53 urte ezkonduta egon ondoren, buruko teilatua kendu zitzaidan, beraz, zer geratzen zen 75 metro koadroko apartamentu batera aldatzea eztabaidarekin. nire partetik elkarrenganako gainbegiratzea, hil ostean nahiko deprimituta zegoelako. Garai hartan, ezin nuen esan nire erabakia zuzena zen ala ez, eta dagoeneko 2 kolpe zituen atzean. Senarra zendu zenean, 80 kilo inguru pisatzen zituen, ez zen gizena baina potoloa. Berarekin apartamentu batean lehen urtea nahiko ona izan zen, erosketak egitera joan ginen, medikuarengana eta azterketetara. Momentu honetan egunean 10 bat pilula hartu behar izan zituen aurreko gaixotasunengatik. Horien artean psikofarmako bat zegoen, non familiako medikuarengana joan beharrean neurologoarengana joan behar nuen errezeta hartzeko. Uste dut aginduta zegoela gero eta deprimituago zegoelako. Nire lana etxe berean egiten nuela ere esango litzateke, patio batek bakarrik bereizita. Esan nahi du ni beheko solairuan nengoela eta bera lehen solairuko apartamentuan zegoela. Bigarren urtean, bere egoera azkar okertzen hasi zen, gero eta gutxiago jaten zuen eta ez zuen kalera atera nahi. Gogoan dut atal bat non biok 300 metrora dagoen janari-dendan erosketak egiten ari ginen eta ezin izan zuen gehiago joan erosketa ordaindu ondoren. Beraz, dendan eseri nintzen, 300 metroak dendara itzuli eta urte luzez neukan nire toboga eraman nuen, dendara eraman nuen, errezeloz trinean jarri eta berarekin etxera eraman nuen. Berdin zitzaidan nolakoa zen.

Zuk ez derrigorrez. Guztiak astelehenetik ostiralera berarekin apartamentuan pasatzen nuela ematen zuen eta ostiral arratsaldean Austria Beherea nire familia ikustera joan nintzen, Gregor eta Britta. Baina asteburuan zertan bakarrik egon behar ez zuenez, nire anaia larunbatean bizpahiru orduz etorri zen eta hori ia aldiro farsa bihurtzen zen. Behin botikak aurkitzen ez zituelako deitu zidan, beste behin hutsalkeriagatik. Alegia, alde horretatik ere ez zitzaidan laguntza handirik izan. Baina gero eta handiagoa zen depresioa, paranoia eta dementzia gehitu zirenetik, bere pertsonaren zaintza gero eta zailagoa zen, hau da, 24 orduko arreta guztiz erabili zen. Egunez, denboraren kontzepturik ez zuenez, lo egiten zuen eta gauean ondoko gelan lo egin nahi nuenean, apartamentuan ibiltzen zen. Ez nuen egongelan jaso behar gauerdian edo beranduago eta berriro oheratu behar izan. Horrez gain, jada ez zuen zer etxeko gauzak zituen ikusteko. Gertatu zen goizeko 11etan balkoian jarri eta nire izena ozen deitzea, zutik zegoelako, Peter, gutxienez hortzetako pasta bi hodi behar zituela. Orduan patiora sartu nintzen, balkoian keinu basatiak egiten ikusi nuen eta kutxan begiratu behar zuela esan nuen, nik dakidanez gutxienez 10 hortzetako pasta tutu zeudela bertan. Esan zuen guztia jakingo zuela zer behar zuen eta ez nik. Beraz, 11 eta 12 hodiak berehala eta berehala erosi behar izan nizkion. Ez nuen inoiz hori egin, erosketak egitera joan nintzenik. Arnasa hartu behar nuen bakarra ospitale batetik bestera etortzen zen garaia zen, ordubete inguruz bakarrik bisitatu behar izan nuen, han ez zegoelako ezer gehiago. Gero eta zailagoa egin zitzaidan berarekin hitz egitea, ez zuelako ikuspunturik ikusten. Ospitale indibidualetan, Vienako ia ospitale guztiak "bisitatu" zituela uste dut, baina gehienez 10 egunez gorde zituzten, fisikoki ez zutelako ezer aurkitzen eta psikeari dagokionez, inork ezin ziolako lagundu. bera. Orain, nire anaia maitea, harekin, esan bezala, 20 bat urtez harremanik izan ez nuena, bere ama ezgaitzeko ideia loriatsua izan zuen. Horretarako, eskudun auzitegira joan eta eskaria aurkeztu zuen. Honi buruz nire iritzia zen, zalantzarik gabe, oraindik sanoa zegoela, nahiz eta jadanik zoro bihurtzeko bidean zegoen. Beraz, arratsalde batean, aldez aurretik jakinarazi ondoren, barrutiko auzitegiko abokatu bat etorri zen gure apartamentura. Nire ama eta bi semeak bertan ginen. Hasieran galderak egin zizkion nire amari, eta hark zuzen erantzun zizkion, baina gero eskaera egin zuen nire anaiak argibide sendo samarra jaso zuen abokatu honen eskutik. Emakumea guztiz sano zegoela eta zergatik egin zuen eskaera esan zuen, eta horrek ezin zuen erantzun, noski. Beraz, eskaera hori baztertu egin zen. Ordura arte, nire anaiarekin nuen harremana nahiko modu onekoa eta egiazkoa zen oraindik. Horren ostean gero eta okerragoa izan zen, gure amaren aurrean bere aldetik egindako eraso fisikoak barne. 2010eko irailean, egunean zehar apartamentuan zehar ibili zen berriro eta egongelara erori zen. Garai hartan kanpoan nengoen. Garai hartan, 4 urte inguru zeramatzan egunean hiru aldiz etxeko laguntza, ez bainintzen beti han eta emaitza etxebizitzako sarreran giltza-kutxa bat izan zelako, etxeko laguntza eta erreskate zerbitzuak ere bai noski. erabiltzen. Horrez gain, behar izanez gero erabil zezakeen larrialdi botoi batekin eskumuturreko bat zuen. Beraz, egun horretan erreskatea etorri zen, hark ere nire amari zerbait gertatu zitzaiola jakinarazi zidan, eta giltza-kutxa erabiliz ere sartu ziren. Ondoren, ospitalera eraman zuten, eta han aurkitu zuten biriketan saihets bat zulatuta zuela etxebizitzan erori zenean. Orain berriro gertuen dagoen ospitalera gidatu eta departamentuko mediku buruarekin hitz egin zuen. Askatu eta gero, eguneko 24 orduetan nire ama zainduko ote zen galdetu zidan. Baina galdera honi ezetz erantzun behar izan nion, fisikoki eta psikikoki nekatuta nengoelako ez bakarrik horregatik, baita mendekotasunagatik ere. Aldez aurretik bidali beharko zen nire aita hil eta berehala, 2006ko martxoan, nire anaiak zaharren egoitza batean plaza bat eskatu zuela berarentzat. Hilabete beranduago etxe batean ikustea errazagoa izango zitzaion orduan. 2 urte ingururen buruan 20. barrutiko etxebizitzarako promesa jaso nuenean, etxe hau barrutik eta kanpotik ezagutzen nuen, eta berak torturatu ninduen zer egin erabakiz: etxera edo ez. Ildo horretatik, kontuan izan behar da etxebizitza hau haien inguru ezagunetako batean zegoela eta, aspaldian egon ez denez, oso ederra dela ere. Nire argudioa zen bere erabakia izango zela eta ez nuela ez aholkatuko, ezta kontrako gomendatuko ere. Nire anaiak, noski, berehala konbentzitu zuen lekua har zezan. Aste eta hilabete batzuen buruan uko egin zion. Orain, esan bezala, ospitalean zegoen eta Vienako udalerria zaharren egoitza batean lekua bilatzen ari zen, eta 2010. urte amaieran lortu zuen 22. barrutian ireki berri den egoitza batean. Han 8. solairuan igogailu batekin, 20 metro koadro inguruko gela bat eman zioten. Kontuan izan nuenez, garai hartako gazteenetakoa zen, 78 urte zituela. Gelen ondoan gela komun bat zegoen eta bertan presoak esamesak egiteko edo jolasak egiteko elkartzen ziren. Gogoan dut hainbat aldiz esan nuela bere logelatik atera eta besteekin hitz egin behar zuela. Baina bere paranoia edo dementzia hain aurreratuta zegoenez ez zuen gehiago jendearen inguruan egon nahi, haiek zerbait egin baitzioten, hainbat ospitaletan bere berri entzun behar izan baitzuen beroki zuriak eta zerbait egin nahi zutenak ikusten zituenean. berari. Ez zuen onartu nire argudioa hauek berari lagundu nahi zioten mediku langileak soilik zirela. 2011ko martxoaren 2an ia egunero joan nintzen bere etxera bisita egitera. Egun hartan ia ez zegoen eskuragarri, ezta berarekin hitz egiteko gai izan. Etxera joan nintzenean, nire aurreikuspenak izan nituen. Gauean, ohi bezala, sakelako telefonoa itzali nuen. Goizean berriro piztu nuenean, etxetik mezu bat ikusi nuen. Nire aurreikuspena baieztatu zen, gau hartan erizain baten besoetan lasai lo hartu zuen. Orain gure ama lurperatu genuen nire aita zegoen hilobi berean. Orain bakarrik nengoen 75 metro koadroko apartamentu batean nire gauzekin eta 500 euro baino gutxiagoko alokairuarekin.

2011ko maiatza Neocathomenat

Amarekin nuen harremana ez zen garai hartan nuena hain zuzen, baina haurtzaroan ere hor egon zen niretzat, neurri batean bada ere. Beraz, dilema pixka batean nengoen berari dagokionez. Maiatzaren hasierako udaberriko egun eder batean, igande batean Danubioko kanaletik nere arropa zaharrekin ibiltzen nintzen, gero banku batean eseri eta sakelako telefonoan idazten hasi nintzen. Kataratak hazten zirelako momentu honetan jada ikusmena oso mugatua nuenez, ez nuen gehiegi ikusten. Bat-batean nire aurpegian argitzen ari zen eguzkia ilundu egin zen. Begira altxatu nuenean, bi pertsona zeuden nire aurrean, ia ia bereizi nituenak. Emakume batek galdetu zidan ea Jainkoarengan sinesten nuen Anna bezala aurkeztu ondoren. Bigarren andrea ere aurkeztu zuen, baina ez naiz gogoratzen bere izena. Aldez aurretik bidali beharko zen halako eztabaida bat saihestuko nuela noiznahi. Hemen erantzun nahi ez dudan galdera honek ordu erdiko elkarrizketa sortu zuen eta amaieran esan zidan: Datorren larunbat arratsaldean 20:00etan gonbidatuko zaitut. Wolfgangen telefono zenbakia idatziko dizut, bitartean zerbait gertatuko balitz. Zer zen hori? Ni baino 10 urte zaharragoak ziren bi emakumek gonbidatzen naute. Neokatolikoak zirela ere esan zidaten, Eliza Katolikokoak eta ez sektakoak. Ados, orain Wolfgang jakin baten telefono zenbaki bat eta gonbidapena nituen. Zer omen da hori? Orain arratsaldero ohean etzan eta gonbidapen hau hausnartzen nuen. Beraz, larunbat hau etorri zen eta uste nuen dirurik ez nuela eta, jakina, jakin-mina nuen zer zen hori. Beraz, ohi bezala, lehenago irten nintzen etxetik eta 20. auzoan 19:30ean iritsi nintzen. Dena gertatuko zen aretora sartzean, aulki tolesgarriak jartzen ari zen gelako beste muturrean gizon bat ikusi nuen. Atean ikusi ninduenean, niregana hurbildu, eskua luzatu eta Wolfgang zela esan zuen. Orduan bakarrik konturatu nintzen honek apaiza izan behar zuela, beltzez jantzita baitzegoen goitik behera. Orduan nire izena galdetu zidanean, apur bat nahastu nintzen eta totelka hasi nintzen eta esan nuen: Nire izena Eduard da. Izen hau denbora batez geratu zitzaidan, Edi deitzeko konbentzitu nuen arte. Besaulkiak jartzen lagundu nion ere galdetu zidan, eta hori, noski, gogo handiz egin nuen. Orain ia 20:00ak ziren eta adineko batzuk agertuko zirela espero nuen, 20 bat besaulkiak prest zeuden eta, beraz, horietako batean eseri nintzen. Orduan gelako bigarren atea ireki zen eta 16 bat urte inguruko neska bat sartu zen gitarra bizkarrean zuela. Denborarekin gela bete egin zen eta zaharrenetakoa nintzela deskubritu nuen. Dena 20:00ak pasa eta gutxira hasi zenean, noski, nire burua aurkeztu behar izan nuen, eta hori ez nuen inoiz egitea gustatu. Orduan, bi irakurketa eta Bibliako ebanjelio bat zituen Eukaristia bat izan zen. Oraindik buruan nuen nire amonak, katolikoa zenak, eskola garaian Eliza Katolikoko mezara askotan eraman ninduela eta ordurako uste nuen ez zela ezer ez niretzat, zahar guztiak, otoitz egiten. eta belaunikatu eta otoitz berriro. Baina apur bat ezberdina izan zen eta ez bakarrik parte hartzaileak. Bibliako bi irakurketak parte-hartzaileek eurek prestatu eta irakurri zituzten. Wolfgangek, bere burua apaiz gisa erretratatzen zuena, bakarrik buru izan zuen eta Ebanjelioa irakurri eta gero sermoi batean irakurgai guztiak aztertu behar izan zituen. Guk, parte hartzaile guztiok, dagokien irakurketak esango ziguna eta borondatez iragar genezake ere. Niri ere gustatu zitzaidan gitarra ez egotea bakarrik begiratzeko, baizik eta bakarkako irakurketen artean abesti bat atontzen zela beti, eta guztiok batera abesten genuen. Bada, hau gaueko 22:00ak aldera bukatu zen eta hurrengo asteartean 20:00etan hitzen liturgia izango zela jakinarazi zidaten. Azoka mota hau agindu nion ondoren, asteartean itzuli nintzen. Orduan Neokathomenateko 10. komunitatea zenaren anaia bihurtu nintzen, zazpi urtez ere praktikatu nuen eta pertsonalki asko ekarri zidan. Komunitate honetako prozesua beti berdina zen, talde honetako 3-4 lagunek dagokien liturgia edo Eukaristia prestatu behar zuten etxean 3-4 lagunetako batean egun batzuk lehenago eta gero egun horretan aurkeztu. Ez zen beti erraza izan parte hartzeko nahikoa jende aurkitzea. Igande komunitario bat ere izaten genuen hilabetero edo bi hilabetez eta urtean bitan, asteburu komunitario batean, Austria Beheko hotel batean. 2011ko maiatzean komunitate honetara etorri nintzenean, urte erdi baino ez zen existitzen. Alegia, ez zineten oso ondo ezagutzen, baina hori urteen poderioz aldatuz joan zen, beste norbaitekin prestatzen joan zineten eta horrela ikusten zenuten bera mugitzen zen ingurunea. Garai hartan, bi ahizpekin lagun egin nintzen, Maria eta Giada. Maria Polonian jaio zen eta Austrian ikasi zuen, Giada Capri/Italiako truke ikasle gaztea zen, 20 urte ingurukoa. Biekin asko egin nuen, baina Giadak Italiara itzuli behar izan zuen 2012ko udan jada alemanez ezin hobeto hitz egiten zuenean. Mariarekin lotu ninduena izan zen nire mendekotasuna nik bezainbeste asetzen zuela, ez gehiegi.

<u>2012ko apirileko espetxe zigorra</u>

Beraz, apirilaren 10ean nire gauzekin 11. barrutira joan nintzen nire espetxe zigorra hasteko, gero eta gutxiago ziren eta. Horren aurretik, bi hilabete lehenago beste desalojo auzi bat neukan exekuzio datarekin, 2012ko maiatzaren 10ean, lepoan. Beraz, denbora gutxi izan nuen 20. barrutiko apartamentua uzteko. Maria eta nire lankidea, beranduago etorriko naizen, laguntza handia izan zidaten, orduan atxilotuta nengoelako. Atxilotze zentrora iritsi nintzenean, ondo miatu ninduten eta gero gela itxian sartu ninduten 10 metro koadro inguruko gela batean binaka. Hasieran zer egin behar nuen eta zer ez esan zidaten, baita zein sail zegoen jakinarazi zidaten ere. Egunean ordubeteko ibilaldia besterik ez zegoen patioan, eguraldia lagun. Lehen bi hilabeteetan, noski, nahikoa denbora izan nuen, presokidearekin hitz egitea ez zen beti erraza izan, Biblia hartu eta hasieratik amaierara irakurri nuen, kataratak gorabehera. Bi hilabeteren buruan, espetxe sistema lasaira eraman ninduten, non atxilotze zentroan lan egin zitekeen. Gelan 6 eta 10 pertsona zeuden hainbat sailetan lan egin dutenak. Baina bere askatasunaz gozatzen duen pertsona naizenez, berriz ere transferitzen utzi eta aire zabalean amaitu nuen. Horrek esan nahi du 04:30ean jaiki eta 11. barrutitik 14. barrutiko kuartelera joatea, beste preso batzuekin lorezaintza lanak egin ninduten. 2012ko uztaileko abuztuan egun osoan eguzkitan egotea guztiz atsegina ez zenez, 16:00etan lana amaitzea desio genuen. Horren ostean, 18:00etarako atxiloketa zentrora itzuli behar ginen. Urtebete lehenago sartu nintzen elkarteak laguntza izugarria eman zidan denbora horretan. Horixe adierazi zen, nire bisitaren egun bakoitzean, nire egungo hiru anai-arreba etorri zitzaizkidan bisitan eta kontsolamendua eman zidaten. Kanpoko sailarekin ere asteburua instituziotik kanpo pasatzeko aukera izan nuenez, igande komunitario batera joateko aukera izan nuen, besteak beste. Hemen ere kontuan hartu behar zen nire senide guztiak, 4 lehengusu eta izeba-osaba modukoak barne, ez zirela bisita orduetan agertu, ez dut nire anaiari buruz hitz egin nahi ere , bazekielako eserita nagoela. Gainera, nire ahizpa Mariak presio handia egin zidan gurasoekin adiskidetzeko, orain nengoen tokiagatik errudun egin nuelako. Hala gertatu zen igande goiz batean 8etan solasaldi honetara irteteko baimena eman zidatenean. Tira, bai, biak hilda zeuden, zertaz hitz egin behar dut harriekin. Baina hilerria atxilotze zentrotik gertu zegoenez, tranbiatik jaitsi eta hilobira joan nintzen. Hasieran ez nekien zer esan, baina gero uste dut ordu erdi inguruz hitz egin nuela eta malkoak masailetan behera zihoala. Tranbiara itzuli nintzenean, 10 kilo arinago sentitu nintzen. Harrezkero, nire gurasoekin bakeak egin ditut, harriak besterik ez baziren ere eta nire ezpainetatik nire gurasoei buruzko hitz gaizto bat aterako da berriro, ez dut eskubiderik, hobeto egin beharko nuke, baina badirudi ez nuela lortu bai, orain arte behintzat. Goiz batean kuartelera lanera itzultzen ari nintzela, istripu bat gertatu zitzaidan. Barraketan ostalaritza egiteko aukera genuen. Horrek esan nahi du gosaria, bazkaria eta noizean behin janaria lata moduan hartu ahal izan genuela arratsalderako. Tira, ohi bezala, goizeko 6:30etan gosaltzera eta biribil fresko goxo bat jatera joan nintzen. Bat-batean, goiko hortzaldia erdian hautsi zitzaidala ohartu nintzen. Hala, atxiloketa arratsaldean, dentistarengana bisita egiteko baimena eman nuen, ziztada eman ez zitzaidalako. Nik ere lortu nuen eta egun hartan instituzioan geratu behar izan nuen. Aldez aurretik bidali behar da atxiloaldian ez nuela osasun asegururik izan eta edozein tratamenduren kostuak justiziaren aurrekontuaren kontura zeudela. Beraz, dentista batengana etorri nintzen, zertan onena ez zena, baina hortzak konpontzeagatik asko kobratu zuen justiziari. Garai hartan, jada erregistratuta neukan, nire kataratak hainbeste okerrera egin zuen, non azkenean %2ko ikusmena baino ez nuen izan. Horrek esan nahi du oinen laguntzaz zintara harrapatu behar izan nuela. Gaizki suposatzen ari nintzen operazio hau atxilotu bitartean ere egin zitekeela, baina abenduaren 12an espetxetik atera eta bi egunetara begi egokia nuen ebakuntzarako eta astebete geroago bestea.

2012ko abenduaren 10ean kargugabetua

Egun hartan askatu ninduten eta orain kalean nengoen 700 euro ingururekin, -% 2ko ikuspegia eta nire ondasun kaskarrak eta teilaturik gabe. Baina Werner izeneko anaia batek 8. barrutiko bere kabinetean bizitzea proposatu zidanez, ni atxilotuta nengoela, pozik onartu nuen. Zerbait aurkitu nuen arte bakarrik esan zuen. Orain poltsikoan diru gehiegi nuenez, berez azkura egiten zuen, atxiloaldian ez nuen halako itxurarik izan, nahiz eta ziurrenik denboran oinarrituko zen. Beraz, behar bezala gertatu zen, jolasten jarraitu nuen eta pixka bat Werner anaiak galdetu zidan noraino joan zen nire apartamentu bilaketak. Gogo handiegirik jarri ez nuela ikusi ondoren, zuzen eman zidan ultimatum bat. Hori ere pasatzen utzi nuen, eta horregatik Vienako udalerrian eskatu behar izan nuen etxerik gabeko asiloa, 16. barrutian ere lortu nuen bigarren batekin batera 20 metro karratuko gela batean. Nire irudimenaren arabera, uste nuen ez zenuela ezer ordaindu beharko, baina hori akats bat izan zen. Zalantzarik gabe, ez alokairu baten zenbatekoa, baina hasieran ordaindu ahal izan nituen 160 € izan ziren behintzat. Baina denboraren poderioz hori ez zen posible izan. Gizarte orientatzaileak izan arren, etxetik kentzera behartu ninduten. Orain zer? Kamal enplegatzaile eta lagunak bere negozioaren sotoan ostatu hartzeko eskaini zidan, komun eta urik gabe, urtea jada aurreratua zegoenez eta negua izkinaren bueltan zegoenez, hori onartu behar izan nuen, noski beste etxearen berri izan gabe. alderdiak. Ez nengoen bakarrik han behean, lotan nengoen uneetan aurpegitik pasatzen zitzaizkidan maskotak ere nituen. Hori izan zen ziurrenik astean behin gutxienez zertarako bizi nintzen pentsatzen nuen garaia. Ez nuen ezer lortu, aitzitik, dena hondatu nuen, 11 urterekin semeari gezurra esan behar izan nion Berlinen lan egin behar nuela eta horregatik espetxetik astean behin bakarrik deitzen nion. Nire pentsamendu suizidak oso muturrekoak ziren orduan. Jakina, komunitateko anai-arrebek ere bazekiten miseria guztiaren berri, baina haiek ere ezin izan zidaten lagundu, nahiz eta hori katekistaraino joan.

2014ko abenduaren 24ko amaiera

Orain Gabonak ziren, aurreko urteetan bezala. Sotoan lo egin nuen, maskotak nirekin eta 20 € zorroan. Oraindik janari gutxi zegoen, denboraren poderioz egunean 6 eurorekin bizi ahal izan bainintzen jateko eta erretzeko. Beno, zer egiten duzu diru honekin, gertuen dagoen joko-aretora joaten zara eta zenbatekoa desagertu egin zen. Une honetan, Vienako udalerrian zorizko joko txikia 2015eko urtarrilaren 1ean etengo zela erabaki zen. Esan nahi du 30 urte baino gehiagoz elikatu nituen makina guztiak itxi egin zirela, baina Vienan bakarrik eta ez Austria Behean. Bada, urte berria heldu zen, Vienan ez zegoen makina gehiago eta dirua poltsikoan itzuli nuen. Orain trenera igo, Vienako auzo batera gidatu eta ontzi hauek jaten jarraitzeko aukera izan nuen. Baina hori ez zen horrela, zergatik oraindik ezin naiz neure burua azaldu gaur egun, baina ez du axola zalantzarik gabe zalantzan jarriko. Hau da, 30 urte on eta ondorioz sortutako zailtasunen ondoren, 2014ko abenduaren 24an sendatu nintzen mendekotasun honetaz. Egun hartatik aurrera ez nuen inoiz makina bat gehiago ukitu. Noski, ezin izan nion erantzun denboran zehar apustua egin nuenari, baina suposatzen dut behin betiko 7 zifrako zenbatekoa izan zela. Hau da, nire zergak irabazien eta salmenten gaineko zergaren bidez ordaindu nituen nire lanarekin eta hori ez da oso eskasa, nire aldetik behintzat, baina ezin dut epaitu hori dagozkien bulegoetan amaitu ote zen, hala nola, zerga bulegoan eta udalean. Interesgarria zen 2012an behartutako bizilekua izan nuenean ez nuela jokatu beharrik eta ia askatasunean, berriz ere jarraitu zuela. Nola joan zen orain? 2015eko otsailean berriro bilatu nuen lekua etxegabeen aterpean eta berehala lortu nuen 16. barrutian. Orain dena segida azkar batean gertatu zen. Zaintzen ninduen gizarte langileak presio handia egin zidan etxebizitza komunitario bat esleitzeko. Lekuaren kuota € 160, - jada ez ziren arazo bat, beraz, aldizka ordaindu ziren. 2013ko urtarrilean jada komunitateko apartamentu bat aurkeztu nuenez, ez nuen espero oraingoan funtzionatuko zuenik. 2013an eskatu zidaten azken hiru urteetako erregistro eta alokairu kontratuak baieztatzeko. Erregistroaren baieztapena bete ahal izan nuen, baina noski ezin izan nuen alokairu-kontraturik eman. Austriako herritarra nintzela eta Vienan jaio nintzenaren argudioak ere ez zuen lagundu. Hain haserre nengoen garai hartan, ezen ohar negatibo hori igorri behar zitzaidala esanez eramaten utzi ninduen, leku zehatz baterako behar baitut paper hau. Ondo itzuli berriro. Etxebizitza honetako gizarte langileak hilabetez hilabete etxean bertan zenbateko bat sartzea eskatu zidan, etxetik irtetean etxebizitzarako dirua edukitzeko. 2015eko uztailaren 1ean 36 metro karratuko apartamentu txiki bat jaso nuen 20. barrutian, gaur egun bizi naizen tokian. Baina ia altzaririk ez nuenez, denetarik erosi behar izan nuen sukalde barneratuetatik hasi eta armairuetaraino. Apartamentua 5. solairuan dagoenez, etxerik gabeko aterpeko gelakide batek lagundu dit. Zer gertatzen ari zen, joko-menpekotasuna desagertu zen, nire apartamentua neukan, gaur arte alokairuan atzerapenik ez dagoen eta batez ere zorroan 10 euro baino gehiago neukan bat-batean. Sentsazio zoragarria izan zen eta orain arte ez da ezer aldatu. Alegia, neure buruari bizia eman nion, zer zen jokalari nintzenean, ez nuke zertan horri esleitu.

<u>2016ko otsaila bizitza normala</u>

2016. urtearen hasieran, postal bat sartu zen nire postontzira. Hau irakurri nuen eta dohainik erregistratzeko online atari bat zela ikusi nuen. Doan izan ondoren, hori ere egin nuen. Guztia ehun talde ezberdinekin webgune bat zen, haien interesen arabera. Betidanik jakin-mina izan naizenez, taldeei begiratu eta 4-5 bat talde aurkitu nituen hitz egiten zidaten. Horietako bitan, 50+ klubetan eta 60+ klubetan jarri nituen jarduerak, bazkideen adinaren araberakoak ere bai. Orain Helmutek, 60+ Treff taldeko administratzaileak, bi astean behin jatetxeen bisitak antolatzen zituen arratsaldeko 18:00etan. Aldi bakoitzean jatetxe ezberdin batean. Nire iraganetik horrelakorik ez nekienez, plazer bat zen han beti ondo jatea eta bertan zeuden 8-10 lagunekin 3-4 ordu inguru esamesak egitea. Beste taldea, 50 urtetik gorakoa, erronka bat izan zen niretzat hasieratik. Ondoren, administratzaileak idatzi zuen: Nire izena ahaztu nuen, berriro 2 astean behin ostiral arratsaldeko 6etan bilera bat 3. barrutiko merkatuko postu batean. Talde horretan, ordea, arreta ez zen janaria izan, gizartean askoz gehiago baizik. Dena den, bilera hauek modu egokian antolatu ez zirenez, gutxi batzuk baino ez ziren hurbildu topaketa horietara, baina askoz gehiago ez zen posible izan, ez zegoen stand honetan gehiagorako leku nahikorik. 60+ Treff taldeko Helmut administratzaileak askoz zehatzago egin zuen 2019an hil zen arte. Nire laguna Roman beti eramaten nuen bi bileretara, garai hartan ezkongabea zelako, baina beranduago itzuliko naiz. Esan bezala, 50+ taldean ez zen gehiegi gertatzen eta, beraz, 2 astetik behin bilerak sarean jartzeko ekimena hartu nuen talde honen bitartez. Taldeak 100 kide inguru zituen garai hartan eta, beraz, bilera bat iragartzen nuen jantoki batean eta ez atariko azokako postuen buffet batean. Hasieran agian 7 eta 8 pertsona zeuden talde honetakoak eta noski ardatz nagusia ez zen janaria, elkarrizketa eta elkarrizketetan baizik. Interesgarria izan zen horietako bakoitzarekin koherentziaz emakume gehiago egotea 2 astean behin gizonezkoak baino. Horrek esan nahi du batzuetan gertatu zela Roman eta ni gizon bakarrak ginela. Baina emakumez inguratzea gustatu ondoren, hori ere esperientzia berria zen niretzat, horren arabera jaso nituen emakumeak. Horrek esan nahi du ezkerreko eta eskuineko musu ematea, non orduan konturatu nintzen horrek eragina zuela elkarrizketaren ondorengo kalitatean. Hasieran astun samarra zen, baina denborarekin gero eta gehiago etorri ziren bilera horietara. Talde honetako kideen kopuruak ere gora egin zuen etengabe, amaierara arte 500 kide onekin. Talde honen administratzailea ez nintzenez, jakina, talde honetako beste kideekiko etsaitasuna zegoen, besteak beste, hau bazkide-trukea zela argudiatuta, webgunean berriro jarri nuen dagozkion iruzkinekin. 2018an eta

2019an pentsatu nuen ez dela zertan pub batera joan behar, baina kultura eta kirol arinek ere badirela. Bilera hauek ez zituzten derrigorrez kideek onartu. Kabareta, bowling, billar edo minigolf zen, beraz, ez dago gauza dotorerik. Horrelako bileretara 5-6 pertsona inguru bakarrik etortzen ziren, beraz, bertako bileretara itzuli nintzen. 2020an pandemia iritsi zenean, otsailean 3. auzoan izan genuen azken bilera. Hilabete batzuk geroago Pamelak jakinarazi zidan ez zuela jada 50+ Treff taldea webgunean aurkitzen. Baina horrelako bilerak ezin zirenez egin blokeoarekin eta bestelako murrizketekin, ez nuen gertaera hori nabaritu. Ikertu nuen eta aurkitu nuen bai 60+ Treff taldea, administratzailea hil ondoren jarduerarik ez zuena, bai Treff 50+ taldea eta bere kideak orri honetatik kendu zirela. Atzeko planoa zen, eta denbora pixka bat lehenago ikusi zen, atzean zegoen softwarea (ustez Ubuntu) huts egin zuela eta software berria instalatu zela webgune honen bidez. Orain nire burua programatzaile deitzen dudanez, enpresa honi, gune honen jabeei, idatzi nion bi aldiz inguru bertan zer gertatuko zen jakiteko. Erantzuna izan zen talde zahar batzuk ezin zirela berreskuratu. Jakina, hori oso ondo egin zitekeela ere komentatu nuen, baina baita denbora asko gastatu ere, datuak eskuragarri egon behar direlako, irakurri eta atari berrira gehitu besterik ez duzu egin behar.

2015eko udazkeneko dantza ekitaldiak

Urte dezente ezagutzen nuen Roman lagunak galdetu zidan behin Vienako Pentsiodunen Elkartean larunbat batean dantzatzera joan gintezkeen, eta orduan egin genuen. Beraz, larunbat arratsaldero dantzara joaten ginen 2. auzoan edo 20. auzoan 2020an pandemia iritsi zen arte eta, noski, ez zen ekitaldi gehiago izan. Ez nintzen garai hartan pentsioduna, baina zer arraio, gustatu zitzaidan, nahiz eta dantzari profesionala ez izan (itxaropenik gabeko kasua).

Familia

Tira, bai, seguruenik 10-11 urte inguru izan nituen, baina barnetegira joan nintzenean harremanak okerrera egin behar zuen, han, nahi edo ez, nire erabakien %90 bakarrik hartu behar baitzituzten. Horretan, ia inor zegoen nire alboan aholkuekin. Onartuko nuen ala ez ere zalantzazkoa da. Nire haurtzaroan harreman ona izan nuen asteburuetan nire 3 lehengusuekin, ni baino apur bat gazteagoak direnak, laugarrenarekin kontaktua bi aldiz bakarrik izan nuen, euren eskariz. Horrek esan nahi du, ia astebururo ikusten nituen 11. barrutiko 3 neskak. Nire anaiari dagokionez, bihotz eta arima bat izan ginen 16 bat urtez. Hori aldatu egin zen orain emaztea izan behar zuela esan zuenean. 30 eta 35 urte inguru zituenean, bere oinordetza eskudirutan eskatu zien bere gurasoei Austria Behean nere presentzian. Aurrekariak orain ezkonduta zegoela eta bi alaba zituela eta Alemanian orain eta hemen bizitzea eraiki behar zuela esan zuen. Eskaera hori indar fisikoz adierazi zenez, 20 urte onetan «agur» egin zuen. Gure aita hil baino gutxira arte ez genuen harekin harremanik izan. Gaur egun ere ez daukat harekin harremanik eta ez dakit bera edo ni non bizi garen. Nire semeari dagokionez, orain 20 urte dituena, esan beharra dago 2012an ezin niola esan zaintzapean nengoela, baina atzerrian lan egin behar nuela, 11 urte zituen orduan. Horretan ados geunden nire bikotekidea eta biok.Harerekin harreman ona izan nuen, behintzat, 11. barrutian geratu behar izan nuen arte, nahiz eta asteburuan bakarrik izan. Hala ere, nire ustez nire bikotekide ohiaren senide min batek 2012an benetan non nengoen jakinarazi zuenez, 2018ko apiriletik hainbat saiakera egin arren, ez dut harremanik izan, uztailaren 15ean ikusi nuen azkeneko aldiz, 2017. Nire amarekin harremana benetan ona izan zen nire bizitzako lehen urteetan, baina oso pertsonaia desberdinak ginenez, hori beranduenez barnetegiarekin aldatu zen, baina horrek ez zuen aldatu ni egon nintzenik. bere bizitzako azken urteetan. Baina asko hunkitu ninduen eta horrek oraindik ere kezkatzen nau, aitarekin sekula ezin nuela hitz egin eta ziurrenik nirekin ere ezin izango zuela hitz egin.

Lagunak

Urte hauetan, zalantzarik gabe, hemen sailkatzen saiatzen ari naizen hainbat lagun izan ditut, benetan eskubiderik ez daukadan arren, baina esan bezala, horrela ikusten dut.Nire lagunik hoberenen artean, zalantzarik gabe, Austria Behereakoak ziren, zeinak nituenak. jada banekien 12 urte nituela ikasi nuen. Hala ere, Austria Beheko estatu federal osoan zehar zabaldu zirenez, adiskidetasuna 15-20 urte ingururen buruan amaitu zen. Nire lagun vieniarrari dagokionez, oraindik ez dakit zergatik ez zidan inoiz eragotzi jokoarekiko mendekotasuna izatea. Baina aitortu nahi nioke ezin izango zuela halakorik egin. 2005 edo 2006an arazoak izan nituen dendan standeko PCarekin eta, normalean dirua gutxi zegoenez, ordenagailu konponketa bat bilatu nuen, 20. auzoan ere aurkitu nuen. Han bi kalera zegoen upategi batera iritsi nintzen. Kamal izeneko pertsona ikusi nuenean, arabiar bat izan behar zuela konturatu nintzen eta horrela zuzendu nintzen, urteak lehenago pertsona horiekin tratua izan bainuen. Nire arabierazko hitzei erantzun zien eta Alexandrian jaio zela baina gaur egun Austriako herritarra dela ere esan zuen. Urte bat edo bi geroago beheko solairuko jatetxe batera eraman zituen bi kale, eta handik denbora batera enplegatu ninduen, bera hardwareaz arduratzen da eta ni softwareaz. Bera izan zen sotoan aterpea eskaini zidana ez nuen urtean. Handik urtebetera, 20. barrutiko gure dendara etorri zen apur bat zaharragoa den jaun bat, ni baino 20 urte zaharragoa zen. Bere webgunearekin arazoak zituela esan zuen, softwarea egokituta zegoenez, jada ez zekien bere bidea eta gauza batzuk gehitu nahi zituela. Baliteke lekuan bertan egin nuena ikustea gustatuko litzaidake. Bertan, urte luzez bere buruari buruz lan egin zuen webgune handi samarra aurkitu nuen, eta sistema horretan sartu nintzen irakurri nuen. Azkenean, azkenean sistema berriarekin zituen elkarrizketa arazoak konpondu ahal izan ditut. Bi topaketetatik sortu den adiskidetasuna, gaur egun arte jarraitzen duena eta nik ere galdu nahi ez nukeena. Bai, 60 taldetik gorako klubetatik eta 50etik gorako klubetatik egin ziren konexioak, baina berriro desagertu ziren pandemiarekin.

Lankidetzak

Ikerketa-zentroko lankidearekin izandako lehen lankidetzak apur bat dezepzionatu ninduen, apur bat lotsatuta nengoen berak ni eta haur bat gurasoen teilatu beraren azpian mugitzera behartu izanak, aitak oso ondo onartu ninduen, baina bere emazteak. dena jakin behar zuenak gogaitu ninduen pixka bat. Nire bizitzako bigarren emazteari dagokionez, zalantzarik gabe, nire bizitzako emakumea izan zen, bestela bikoteak ez zuen 20 urte baino gehiago iraungo. Hautsi izana, garai hartan 8 urteko semea izan arren, seguruenik %95 nire errua da. Atzera begira bakarrik ikusi nuen ez genuela inoiz geure buruaz eta gure arazoez hitz egiten eta gero, haustaren ondoren egin genuen bezala, beranduegi zen. Agian horrek zerbait aldatuko luke lehenago hitz egin izan bagenu. Ez dakit. 50+ Treff taldea talde honen lanaren hasiera-hasieratik bazkide-atari moduko bat zela esaten zenez, behar bezala gertatu zen. 2017ko Mendekoste aurreko ostiral bat izan zen, Austria Beherea Britta nigandik banandu zenetik 8 urtera. Han bilera bat izan genuen berriro ere taberna batean eta bertako pub lorategian. Ohi bezala joan nintzen nire lagun Romanekin. Gero Pamela etorri zen, 50+ Treff taldeko kidea eta ni baino urtebete gazteagoa, eta Roman eta nire artean eseri zen. Arratsaldean solasaldi puntual bat sortu zen nire eta Pamelaren artean eta asko hitz egin eta barre egin genuen, horrela ez nintzen gehiago erreparatu beste partaideei. Prozesuan, barre egiteko zerbait geneukan bakoitzean goiko besoan edo izterrean kolpeka egiten zidala ohartu nintzen. Ondo eman nuen izena, baina zer orain, ez bainintzen ausartena zentzu honetan. Baina ausardia hartu nuen eta galdetu nion ea Mendekoste larunbatean ezin ote ginen elkartu nonbait paseo bat ematera, eta hori ere hurrengo egunean egin genuen. Hodeietatik erori eta Mendekoste igandean nire komunitateko komunitatearen egunera joan nintzen. Baina horrelako egunetan beti ohitura zenez, otoitz labur baten ondoren, bideaz eta harekin norberaren bizipenez hitz egitea, eta 20 bat lagunen aurrean, noski borondatez, pixka bat igarota hasi nintzen. Esan bezala, 57 urte nituen eta Pamelarekin telefonoz hitz egin nuen eraikinera sartu aurretik. Beraz, edonori eragin zezakeen gaixotasun sendaezina eta nire partetik beste lore adierazpenak pairatzen nuela esan nuen. Ingurura begiratu nuen eta larritutako aurpegiak izan ezik ezin nuen ezer bereizten. Zertaz ari nintzen? Bada, noski galderak eta adierazpenak zeuden, hala nola: 16 urteko gazte bat bezala ari zara hizketan eta bertaratutakoetako batek, 22 urteko ikasle batek, galdetu zidan: Edi maiteminduta zaude, zein noski nik ezin ukatu. Hilabete beranduago, 2017ko uztailaren 15ean, Pamela eta biok bikote ginela imajinatu nuen, nire semea ikustera joan nintzen azken aldiz Austria Beherara, garai hartan ezagutzen ez nuena. Laster konturatu zenez gehiegi ilusioa nengoela, nire bizitzan emakume berri bat zegoela aitortu nion eta haren argazki bat ere erakutsi nion, gero damutu nintzenaz. Garai hartan, Pamela Estirian sendabidean zegoen jada. Itzuli zenean, jakin nuen 50+ Treff taldeko beste kide batek jarraitu zuela osasungune honetan eta Pamelak eraman ninduela. Gizon hau ere ez zen zertan soziala izan, Georg eta Pamelaren arteko lankidetza hau behin-behinekoa zen. Bada, bilera gehiago izan ziren eta 2018ko abuztuan bilera bat egin zen 19. barrutiko Heuriger batean. Talde honetako pertsona batzuk eta baita nik ere Whatsapp-en talde bat sortu eta hara eta hona argazkiak bidali zizkiguten leku guztietara. Beraz, ostiral honetan, emakume berri bat sartu zen taldera, Anna izenekoa, Poloniakoa eta begiratzeko atsegina. Oso gogoz barre egin zezakeen, eta horrek asko harritu ninduen. Whatsapp-en ere gure taldean sartu zen eta gero ekarpen dibertigarriekin jarraitu zuen, eta horrek talde honi bultzada bat eman zion. 2017ko iraileko egun batean argitaratu zuen 22. barrutiko mahatsak helduak zirela eta talde horretako norbaitek ezin ziola lagundu mahats bilketan. Hurrengo astebururako egun bat jarri zuen horretarako. Honen erantzuna zero izan zen. Beraz, neure artean pentsatu nuen, zergatik ez, joan mahatsa irakurtzera eta hitzordua jarri 22. auzoan. Benetan, egunean zehar biltzen genituen mahats asko aurkitu nituen eta arratsaldean almibarretan eta zukuan prozesatzen genituen. Baina larunbat arratsalde batean ezer "ihes egiten" ez zenez, denbora pasa eta egun hartan bikote bihurtu ginen. Urriaren erdialdean, hilabete bateko lankidetzaren ostean, bakarrik geratuz gero erosoago sentituko zela esan zuen, eta hori onartu behar nuen. Ona ala ez, hori ere hautsi zen, baina beti egon ziren bilerak taldean eta horrela 2017ko azaroan 3. auzoan. Bertan 20 bat lagun ginen, non leku arazo batzuk izan genituen jatetxe honetan. Goizeko bederatziak aldera dena amaitu zenean, Roman eta biok kalera joan ginen, Tine eta Julia izeneko bi emakume zeuden zutik. Bat-batean Tinek galdetu zuen: Zer egiten dugu orain? Pixka bat nahastuta nengoen, ez nuelako espero horrelako galderarik emakume batengandik. Tira, beraz, inguruko kafetegi batera joan ginen eta han ordubete inguru egon ginen. Orduan Tine-k ordenagailuekin lanpetuta nengoela jakin zuen eta bere etxean ordenagailuarekin arazoa konpondu nezakeen esan zidan, 14. barrutian helbidea eman ostean bere gain hartu zuen. Emakumea ni baino bi urte zaharragoa zen eta ez zertan argala. Ordenagailuaren konponketa hau edo bisita hau gehiago bihurtu zen, nahiz eta itxuratik zertan gustatu ez zitzaidan. Berarekin eta berarekin pasatzen nuen denbora gehiena. Apartamentu berria zeukan, baina antza denez, han ez zen benetan etxean sentitzen, nik kontatu nuenez, beti zerbait erostera atera behar zuelako edo, besterik gabe, norabait joateko, gidari sutsua zen. Denbora horretan arropa eta beste gauza batzuekin dutxatu ninduen, eta pubean ordaintzen zuen beti. Hori ez nuela nahi galdetu nionean, bitartean kutxetan arropa nahikoa nuelako, urduri samar zegoen. Beraz, asteburu batean bere ahizparengana joan zen Burgenland sakonenean eta autotik deitu zuen hara bidean. Niretzat, hori izan zen upela hautsi zuena. Niri kontsultatu gabe erabaki zuen dena eta esan zuen nire maitasuna opari pilo batekin eros zezakeela. Beraz, pasarte hau ere amaitu zen. 2018ko udan Roman eta biok 1. auzoan dantzara joan ginen, biak bakarrekoak, aspalditik ezagutzen genuen ekitaldia eta, batez ere, bi antolatzaileak. Bertara iritsi ginenean, ia ez zegoen lekurik, eta biok eseri behar izan genuen jada bi emakume eserita zeuden mahai batean. Bat Graziella deitzen zen (neurri batean guraso italiarrak) eta zoritxarrez ez dut gogoratzen bigarrenaren izena. Orain mahai berean eserita geundela, andreei ere dantza egiteko eskatu behar izan diet eta, beraz, Graziella eta biok laster eseri ginen elkarren ondoan eta ordenagailuarekin arazoak zituela esan zidan. Oraingoz ondo ezagutzen nuen eztabaida eta Graziella ni baino askoz zaharragoa zen, baina hala ere 16. barrutiko bere etxean ikusiko nuela baieztatu zuen. Han ere Tinerekin izandako emaitza bera izan zen, elkartu ginen. 17. barrutian epe luzerako alokairua zuen, zegokion lorategi handian etxe txiki batekin, non ezin zen erraz mugitu landare eta zuhaitz ugariren aurrean. Horrez gain, mahats-mahatsak zituen teilatuko terrazaren gainean, eta bertan ere mahatsa biltzen genuen eta gero prozesatzen genuen, berriro ere aha esperientzia. Lorategian mugitzea bakarrik ez zenez, hau etxe barrukoetan ere balio du eta, azkenik, zure apartamentuan ere bai. Elkartea, beraz, denboran mugatua zen. Ni neu ez naiz garbiketa tontoa, baina gustatuko litzaidake gela batean mugitu ahal izatea, 2012an nahikoa estututa nengoen hala ere.2018ko azaroaren hasieran, larunbat goiz batean, gosaldu ostean, konexio hau utzi nuen. presaka. Une honetan zulo sakon batean erori nintzen, zertan gaizki egiten ari nintzen galdetu behar bainuen. 4 emakume eta denekin ez zuen atera, nire iragana al zen, nire "aberastasuna" al zen? Bada, azaro amaieran beste dantza ekitaldi bat izan zen 2018ko azaroaren 24an, larunbata, Roman lagunak 2. barrutiko dantza honetara joateko konbentzitu ninduen. Baina ez nuen gogorik. Azkenean, azkenean hain urrun iritsi ninduen. 8 lagun ingururekin mahai batean eseri ginen. Nire parean emakume ilehoria ikusi nuen, nire ustez, adineko jaun baten konpainian zegoena. Arratsalde hartan ez nuen asko dantzatu 18:00etatik 21:00etara zuzeneko musikarekin. Amaiera aldera, mahaira bueltatu zen kasuan kasuko andrea eta esan zigun Romani eta niri ez ote genion han dantza egin nahi. Gaizki ulertu nuen adierazpen hau eta, beraz, ez nuen erreakzionatu. Roman berehala altxatu zen eta berarekin dantzara joan zen. Orain ekitaldi hau amaitu zen eta jantzitegira joan ginen. Bat-batean Ully izeneko emakume hau nire ondoan zegoen eta galdetu zion: Nirekin zoaz eta horrekin Roman eta ni esan nahi dut. Larunbat arratsaldea izan eta berandu ere ez, ez zitzaidan axola nirekin joatea, eta hori ere esan nion Romani. Berak ere baiezkoa eman zuen eta beraz, bilaketa luze baten ostean 8 lagun inguru 1. barrutiko taberna batean amaitu zuten. Armairura joan baino lehen bere telefono mugikorra eman zion Romani, eta nik bakarrik erregistratu nuen. Bada orain Ully nire ondoan eseri ginen taberna honetan eta Romanek xamanismoari eta energiari buruzko hitzaldi bat eman zuen. Arratsaldean gertatu zen Ully ez zela adineko jaunarekin etorri, bere lagun Monikarekin baizik. Hau erregistratu bezain laster, lotsatu xamar nengoen, andreari gustatzen zitzaidan hori. Orain Romanek bere zenbakia zuen, baina nik ezin nuen eskatu. Beraz, jatetxeko bisita-txartel bat hartu eta atzealdean nire telefono zenbakia idatzi nuen. Jatetxetik irten nintzenean txartel hau eman nion, eta, zoritxarrez, Roman ere ohartu zen. Beraz, deabruaren sukaldean nengoen eta Ullyk bi telefono mugikor zituen Roman eta biok. Hurrengo egunean, igandean, itxaron nuen zer gertatzen zen. Goizean ez zen ezer gertatu, baina 2:00etan sakelako telefonoa zegoen eta Ully linean zegoen. Kafe bat hartzera ere ezin ginen joan galdetu zidan. Honi nire erantzuna: Berehala eta berehala - transmisioan eten bat duzu. Bai, oraindik zerbait konpondu behar du eta ordubete barru deituko dit. Baina ez zen ordubete, ordu erdi bat besterik ez eta 20. barrutiko kafetegi batean elkartu ginen. Gero han zinera joan ginen eta hori nahikoa ez zenez, 1. solairuko egongela batera ere joan ginen. Ohituta nengoela, nire iraganeko bizitzari buruzko guztia kontatu nion, beharbada emankorra izango ez dena. Bat-batean nigana jiratu eta musu eman zidan masailean. Harrezkero bikote bat gara, nahiz eta urte batzuetako aldea egon. Zergatik? Aurreko 4 emakumeetatik onena dela uste dudalako.

Amaiera neokatolikoa

2011n beka edo bidera sartu nintzenean, hasieratik argi izan zen 30 bat urte beharko zirela bide hori egiteko. Orain 2017an Mendekoste asteburu honetan nire esperientziak egin behar izan nituen, modu honetan lankidetzaren interpretazioak zer esan nahi duen eta, beraz, pixka bat gogoeta egin nuen. 2018ko apirilean erkidegoko nire ahizpa Mariak bere bizitza kendu nuenean, 7 urteko kide izan ondoren, bidea amaitzea erabaki nuen eta gauza bera egin nuen 2018ko maiatzean hildakoaren aldeko Bezperetan. Zentzu honetan nire pentsamendua zen ezin nintzela jada bidean argudio batzuekin ados egon. Hori, noski, lankidetzak interpretatzeko balio zuen, baita fedea bizitzeko moduari ere. Orain fededuna naiz ala ez: Galdera honek ezin du eta ez dut hemen erantzun nahi, batez ere, banako banakoak berak? Nire aldetik, komunitatea utzi ondoren fedea bizitzen saiatzen naiz orain. Harrezkero oraindik ere Jainkoarekin harremanetan egon naiz, nahiz eta hori berarekin otoitz isiletan soilik adierazten den.

Bezeroak

Nire bizitzan zehar ehunka bezero izan ditut, beti errespetuz eta adeitasunez tratatzen ditudanak, etxekoak edo atzerrikoak izanda ere. Egunkariak eta aldizkariak saltzen ari nintzen garaiko bezero-baseari dagokionez, hainbat esperientzia negatibo bizi izan ditut. Haien %99 beti atzerritarrak zirenez, ez nuen nire dirua begiratu beharrik izan, jendea bere herrialdera joan eta nire eskakizunei jaramonik egin gabe. Nire bezeroak, informatikaren sektorean dagoeneko guztiz desberdinak naizenak, beti pozik daude deitzen didatenean. Badakizu ez dudala atsedenik hartzen arazoa konpondu arte eta horrek denbora behar du. Baina ez naiz gogoratzen softwarea sortzen ari nintzeneko bezero bat. Hau Alemaniako bizilaguna da, baina beste jatorri batekoa. Bere hiru enpresen artean hortz-praktika bat, hortz-laborategia eta hortz-biltegia daude. 2010eko udazkenean, hortz-biltegiko dendako bere langilea etorri zen gure dendara. Aurrekariak kalkulu programak jada ez zuela funtzionatzen zuen eta konpondu nezakeen galdetu zidan. Gizon honek ez zuenez zertan ezagutza komertziala izan, programa hau ezin zela gorde aurkitu nuen. Orain konturatu nintzen gauza osoa, funtsean, ikuspegi askotariko hiru konpainiak osatzen zutela. Horrela, 20. barrutiko gure enpresaren baitan, finantza eta inbentarioen kontabilitatea, partida irekien kudeaketa duten hiru enpresentzako eskaintza bat sortu genuen. Bezero eta hornitzaileen deien kudeaketa eta askoz gehiago. Nagusiari hau aurkeztu nion eta eskaintza honen zati indibidualak onartzen eta beste batzuk baztertzen hasi zen. Baina dena %100ean sortzeko gogoa beti dudanez, kasu honetan ere hala izan da, eta, noski, gure eskaintzaren beste zati bat onartzeko erabakia hartu izanari dagokionez ere. Baina softwarea estatikoa ez denez, programa askotan egokitu zen. Beraz, astean lau aldiz arte joan nintzen bere hortz-saltzaile handizkariarengana, aldi bakoitzean zazpi urtez eskerrak emateko. Bertan zeuden langileak derrigorrez merkatariak ez zirenez, ezin zuten urteko inbentarioa egin. Horrek esan nahi du 2017ko inbentarioa egin arte, nik egin nuela han zeuden pertsonen laguntzarekin. Baina nire esperientzia komertzialagatik dakidanez horrelako zerbait gehienez bi eguneko epean egin behar dela, nire zailtasunak izan nituen alde horretatik. Azken inbentarioa etapaka osatu zen bi asteren buruan. Aurrez adostu zen guk aurkeztutako faktura hiru aldiz ordainduko zela. Hiru zifrako eurotan duen lehen kopuru partziala ordaindu da, gainerakoa zabalik dago oraindik. Bezeroaren argudioa nire programak ez duela funtzionatzen zuen, funtsean bere burua kontraesanean ari dela. Batetik, zazpi urtez ondo funtzionatu zuen softwareak eta, bestetik, gaur egun erabiltzen jarraitzen dute eta lau urtez ere erabiltzen dute. Beraz, 4 zifra on batera itzuli ginen. Ordainketa agindu batekin mehatxatzen zuen abokatu baten gutun batek ere ez zuen kasurik egin. Egungo bezeroei dagokienez, gaur egun gure negozioaren parte gisa zaintzen ditudanak, esan dezadan guztiz gogotsu daudela nirekin, badakitelako zer lortzen duten nigandik. Batetik, hori ez da berehalako hitzordua, baizik eta bezeroaren ezagutza ere ez dudala amore ematen irtenbidea aurkitu arte. Baliteke denbora behar izatea, baina ere pozik nago funtzionatzen duela ikusten dudan bakoitzean.

Jarraitu

Zuk, irakurle gisa, pentsa liteke orain irakurri duzula hau bizitza ez dela. Bai, baliteke, baina lehen esan bezala, nire erabakiak soilik izan ziren, zuzenak ala okerrak izan, beti atzera begira bakarrik zehaztu daitezke. Beraz, hurrengo galdera sortzen da, pozik nagoen. Baina balorazio guztiz subjektiboa denez, bakoitzak modu ezberdinean erantzungo luke. Pozik nago. Zergatik? Nire mendekotasunaren garaian pentsatzen dudanean, ez zen benetan bizitza deitzen dena, beraz, pozten naiz aldi hau gainditu nuelako. Orduan nola kudeatu nuen oraindik ez dago argi, baina pozten naiz denbora hori gainditu nuelako. Konforme nagoen, nire 1. liburuan formulatu nuen bezala, erantzun gabe geratzen da. Honen arrazoia da nire lagunik hurbilena nigandik bere eskariz banandu zela 10 urte onen buruan, gaur egun oraindik ulertzen ez dudana. Ez dakit bizitzak zer gehiago prestatu didan, baina ezin da benetan astinduko ninduen ezer gehiago etorri.

© 2021, Eduard Wagner
Herstellung und Verlag:
BoD – Books on Demand, Norderstedt
ISBN: 9783755760726